多模态话语分析视域下的大学英语教学研究

陈建祥 著

吉林大学出版社
·长春·

图书在版编目（CIP）数据

多模态话语分析视域下的大学英语教学研究 / 陈建祥著. -- 长春：吉林大学出版社, 2023.3

ISBN 978-7-5768-1730-0

Ⅰ.①多… Ⅱ.①陈… Ⅲ.①英语－教学研究－高等学校 Ⅳ.①H319.3

中国国家版本馆CIP数据核字(2023)第102195号

书　　名	多模态话语分析视域下的大学英语教学研究	
	DUOMOTAI HUAYU FENXI SHIYU XIA DE DAXUE YINGYU JIAOXUE YANJIU	
作　　者	陈建祥	
策划编辑	矫　正	
责任编辑	矫　正	
责任校对	李潇潇	
装帧设计	久利图文	
出版发行	吉林大学出版社	
社　　址	长春市人民大街4059号	
邮政编码	130021	
发行电话	0431-89580028/29/21	
网　　址	http://www.jlup.com.cn	
电子邮箱	jldxcbs@sina.com	
印　　刷	天津鑫恒彩印刷有限公司	
开　　本	787mm×1092mm　　1/16	
印　　张	12	
字　　数	200千字	
版　　次	2023年3月　　　第1版	
印　　次	2023年3月　　　第1次	
书　　号	ISBN 978-7-5768-1730-0	
定　　价	68.00元	

版权所有　　翻印必究

前　言

大学英语作为大学生大学学习期间极为重要的基础课程之一，承担着通过语言学习来与世界接轨的重担，也是高等教育阶段了解和学习西方文化的重要课程之一。网络和新媒体技术的发展使诸多英语知识和西方文化能够方便得到，多样化的知识获取方式也使得学生学习越来越方便，教师的知识权威地位受到了极大的冲击，传统的大学英语课堂教学活动已经越来越难以适应师生们的个性化教学需求，正逐渐失去其原有的优势而变得越来越饱受诟病。在这样新的信息化教育背景下，要使大学英语课堂教学活动变得更加有效、有趣和高效，就迫切需要对现有的大学英语课堂教学进行深入系统的改革。

2012年3月，教育部印发《教育信息化十年发展规划（2011—2020年）》，指出应深层次地推动信息技术与高等教育的相互融合，要求教师能够在教学中积极统筹高质量的教育信息资源，能够将多媒体技术与课堂教学完美结合起来。2012年，教育部大学英语高级研修班在北京开展了主题为"多模态、多媒体、多环境"的英语教学会议，指出应该创新当下的教学理念和模式，切实将三者融合在一起，建构新的大学英语教学模式。

多模态话语（multimodal discourse）指的是运用听觉、视觉、触觉等多种感觉，通过语言、图像、声音、动作等多种手段和符号资源进行交际的现象。[①] 多模态话语分析理论（multimodal discourse analysis）兴起于20世纪90年代的西方，以心理语言学家韩礼德（M. A. K. Halliday）的系统功能语言学理论为理论基础。韩礼德指出，人类交流的方式具有多样性的特征，因此在交流时，交际者应该充分利用各种信息传递渠道传递信息，以实现

---

① 张德禄. 多模态话语理论与媒体技术在外语教学中的应用[J]. 外语教学，2009（04）：15.

交际目标。①大学英语教学作为人类交流的一部分，也归属于多模态话语分析理论研究范畴。如今，在计算机技术、通信技术和显示技术日新月异、高速发展的支撑下，能够在大学英语教学过程中使用的符号也越来越丰富，如何高效使用这些符号以提高学生学习英语的兴趣成为亟待解决的问题。因而，加大对多模态话语分析理论应用于大学英语教学的研究，对于实现大学英语教学目的具有重大意义。

　　本书从多模态话语分析理论解读着手，通过对多模态话语分析理论与大学英语教学研究成果的述评，了解我国大学英语教学多模态话语研究的现状及发展趋势，明确多模态话语分析理论在大学英语教学中应用的价值；分别对大学英语教学课堂导入教师话语、大学英语口语教学教师话语的使用进行分析，并提出相应的改进策略；综述外语教学领域中一些经典的学习理论，包括行为主义学习理论、认知学习理论、建构主义学习理论、自主学习理论、信息加工理论、人本主义、输入假设、输出假设等理论，以及改革开放以来我国大学英语课程的政策，用来指导多模态话语分析下的大学英语教学；深入剖析多模态话语分析视域下的大学英语教学现状，探寻多模态话语分析视域下的大学英语教学存在的问题及成因；在此基础上，有针对性地探讨多模态话语分析理论在大学英语在线教学、翻转课堂混合式教学、对话教学和游戏化教学中的应用，旨在完善大学英语教学模式的多模态转变，提高英语教师多模态话语质量，促进信息技术与大学英语教学实现深度融合，从而增强大学英语教学的实效性，培养用英语和网络进行各种交际合作、运用信息构建新知识的创新型外语人才，以期为未来多模态话语分析理论与大学英语教学研究提供参考。

　　网络、多媒体技术的发展使得研究者对多模态话语的关注度越来越高，国内对多模态话语分析理论与外语教学，尤其是大学英语教学的研究也取得了很多的成果。今后，相关研究要基于发达的网络、多媒体技术，加大对跨学科知识的引进，以构建符合中国特色的大学英语多模态教学模式，从而更好地应对"一带一路"和一流大学、一流学科建设背景下中国英语教学面临的新挑战。

---

① HALLIDAY M A K. Linguistic studies of text and discourse [M]. Webster: Continuum International Publishing Group Ltd.，2005：89.

由于笔者研究水平有限，本书仍存在许多不足之处，在今后的工作中，笔者将持续关注多模态话语分析理论应用于大学英语教学的研究，望学界研究者们批评指正。

目 录

第一章 多模态话语分析理论在大学英语教学中的应用概述 …………… 1
  一、多模态话语分析理论解读 ……………………………………… 1
  二、多模态话语分析研究综述 ……………………………………… 5
  三、多模态话语分析理论在大学英语教学中的应用价值 ………… 21

第二章 多模态话语分析理论在大学英语教学中应用的理论渊源 …… 25
  一、多模态话语分析理论在大学英语教学中应用的理论基础…… 25
  二、多模态话语分析理论在大学英语教学中应用的现实依据 …… 43
  三、多模态话语分析理论在大学英语教学中的应用价值 ………… 46

第三章 多模态话语分析视域下的大学英语教学现状分析 …………… 48
  一、多模态话语分析视域下的大学英语教学现状 ………………… 49
  二、多模态话语分析视域下的大学英语教学存在的问题及成因 … 69

第四章 多模态话语分析视域下的大学英语在线教学模式研究 ……… 83
  一、"互联网+"模式下大学英语教学的演进历程 ………………… 84
  二、"互联网+"背景下大学英语教学模式的创新路径 …………… 92
  三、多模态话语分析视域下的大学英语在线教学模式研究 ……… 96

第五章 多模态话语分析视域下的大学英语翻转课堂
       混合式教学研究 ……………………………………………… 106
  一、翻转课堂在大学英语教学中的运用分析 …………………… 106
  二、大学英语课程混合式教学的基本情况 ………………………111

三、多模态话语分析在大学英语翻转课堂混合式教学中的应用 … 118

第六章 多模态话语分析视域下的大学英语对话教学研究 …… 123
一、大学英语对话教学的内涵特征及实践形态 ………… 124
二、多模态话语分析在大学英语对话教学中的应用 ………… 140

第七章 多模态话语分析视域下的大学英语游戏化教学研究 ……… 157
一、大学英语课程游戏化教学活动设计 ………… 158
二、多模态话语分析视域下的大学英语游戏化教学案例 ……… 164

参考文献 ……………………………………………… 174

第一章 多模态话语分析理论在大学英语教学中的应用概述

大学英语教学很重要,其质量好坏直接影响学生英语学习的效果。传统的大学英语教学是以语言传授方式为主,通过分析性的语言来解释英语相关教学内容。但是伴随着教学不断改革,教师教学经验逐渐增加,英语教师逐渐认识到传统英语教学的弊端,即语言在传递过程中局限性较大。而在信息化时代,网络在线教学成为主流,但在学习过程中,学生更容易受到网络的吸引而出现注意力分散以及学习主动性较差的情况。此外,若仍旧采用传统枯燥的语言讲解方式,只是单纯地将课堂搬到网上,就抹杀了在线教育的魅力,失去了教育的意义。因此,很多学者开始研究多模态话语分析理论,并在大学英语教学中逐渐融入这种模态教学的方式,例如用视频、图像等各种视觉、听觉模态,与慕课等在线教学技术相结合,形成一种在线英语教学模态化的趋势,并取得了一定的成果。如今在信息化时代的背景下,研究多模态话语分析理论在大学英语教学中的应用尤其具有重要的意义。

要研究多模态话语分析理论在大学英语教学中的应用,首先要知道什么是多模态话语分析理论,多模态话语分析理论的研究现状如何,以及多模态话语分析理论在大学英语教学中的应用价值。

一、多模态话语分析理论解读

(一)多模态

多模态在国内的研究历史非常短暂,仅始于学者李战子先生2003年对国外专著的译介。有关多模态的定义目前还十分宽泛，学者们从不同角度给出了不同的定义。笔者整理如下。

朱永生认为多模态指的是"交流的渠道和媒介，包括语言、技术、图像、颜色、音乐等符号系统"①。此外，他认为人类与外界主要通过人类具备的五大感官——耳、鼻、眼、舌、身与外部世界进行信息的交流和交互，这五种感官也可以称之为模态，具体表现为视觉模态、听觉模态、嗅觉模态、触觉模态、味觉模态。

顾曰国认为单模态是人类通过一个感官与外界进行交流，双模态是人类通过两个感官与外界进行交流，多模态则是通过三个或者三个以上的感官与外界进行交流。②他对多模态作如下定义：多模态是"人类通过感官（视觉、听觉等）与外部环境（如人、物件、机器）之间的互动方式"③。

笔者综合朱永生等的观点给出多模态的定义：多模态指语言符号与非语言符号在交际中的使用。语言符号指的是人们通过发音器官发出声音进而进行日常交流。非语言符号则是指除语言符号之外的其他符号，如听觉符号、视觉符号、触觉符号。这些符号常常借助物质媒体（如计算机、录音机或现代通信手段等）以文本、图像、声音、空间布局、动画等方式出现。具体来讲，教学中的多模态主要指能够利用现代媒体技术手段呈现音频模态（听觉模态）、视频模态（视觉模态）、多模态课件（视听觉模态）来调动学生的感官参与学习。

（二）多媒体与多模态

顾名思义，多媒体指的是将多种媒体集于一体，借助计算机对媒体信息进行多种方式的加工处理。一方面，多媒体指能够进行信息存储的载体，比如光盘、半导体、磁盘等。另一方面，它指用于进行信息传递的载体，比如图像、文本、动画等。顾曰国认为，多媒体指的是具有三个或者三个以上的逻辑媒介的多媒体材料。④

多媒体和多模态之间的联系和区别究竟是什么？张德禄教授在《多模

---

① 朱永生. 多模态话语分析的理论基础与研究方法 [J]. 外语学刊，2007（05）：83.
② 顾曰国. 多媒体、多模态学习剖析 [J]. 外语电化教学，2007（02）：3-12.
③ 顾曰国. 多媒体、多模态学习剖析 [J]. 外语电化教学，2007（02）：3.
④ 顾曰国. 多媒体、多模态学习剖析 [J]. 外语电化教学，2007（02）：3.

态话语理论与媒体技术在外语教学中的应用》中对多媒体和多模态的关系做了详细论述。从感觉系统的角度出发，他将多媒体划分视觉媒体、听觉媒体、触觉媒体、嗅觉媒体等。具体来看，听觉媒体包括音乐、动物的叫声、语音识别等；视觉媒体包括图标、表格、网络页面等；其他媒体则相对少见，包括日常生活中的盲文、饭菜等。他认为多媒体是能够同时调动人体多种感觉系统的媒体组合。[①]

笔者将多媒体与多模态的关系总结如下。首先，多模态是各种社会符号，它们具有自己独特的符号意义，而多媒体属于现代科学技术进步带来的先进的信息传递手段，它并不具备模态具有的符号性质，仅是一种存在的物质实体。其次，我们也应该意识到多模态与多媒体确实有很多重叠之处，比如图片是一种多模态符号，同时又是一种多媒体；声音和音乐既是多模态符号又是多媒体。最后，多模态的概念远远大于多媒体的概念，就像我们只能说我们的世界是多模态的，而不能说我们的世界是多媒体的。

（三）多模态话语分析

多模态话语指运用听觉、视觉、触觉等多种感觉，通过语言、图像、声音、等多种手段和符号资源进行交际的现象。[②] 多模态话语分析理论兴起于西方20世纪90年代，以心理语言学家韩礼德的系统功能语言学理论为理论基础。韩礼德指出，人类交流的方式具有多样性的特征。因此，在交流时，交际者应该充分利用各种信息传递渠道传递信息，以实现交际目标。[③]

多模态话语分析的发展离不开科学技术的支持。早期的多模态研究从纸媒开始，不仅分析文字内容，还包括色彩、图形等，后来逐渐过渡到音频和视频。随着网络技术的发展，多模态研究扩展至网页，而今，随着手机应用程序的发展，人们浏览信息不再是计算机上的网页，更多转向手机、平板电脑的 App 阅读。这些设备小巧轻便，同时结合应用程序的特有功能，如定位、翻页、记笔记等功能，不断地改变人们的阅读方式，同时也激发

[①] 张德禄. 多模态话语理论与媒体技术在外语教学中的应用[J]. 外语教学, 2009 (04): 15-20.

[②] 张德禄. 多模态话语分析综合理论框架探索[J]. 中国外语, 2009 (01): 24.

[③] HALLIDAY M A K. Linguistic studies of text and discourse [M]. Webster: Continuum International Publishing Group Ltd., 2005: 39.

了人们从更多角度创建话语、传递信息，页面上各个区域的文字和图像材料在不同位置的呈现也包含着丰富的意义。

随着新媒体时代的到来，话语在交际中使用的模态资源更加多样。多模态话语的复杂性也随之增加，这种复杂性不仅涉及单一模态的运用范围，而且关系到各模态之间的联合程度。多模态利用视觉、空间和言语表达模式的组合和合作，所形成的话语意义高于传统的语言文本。这些变化为多模态话语研究提供了新视角、新思路和新的研究内容。

多模态话语分析以批判话语分析为基础，以社会符号学为研究视角，结合韩礼德的系统功能语言学理论可以探讨话语的模态协同作用、不同符号资源的互补关系、多模态话语的功能等。社会符号系统既包括语言，又包括其他相互独立而又相互作用的社会符号，在分析语言特征的时候应该同时强调颜色、图像、声音和动作等视觉、听觉和行为符号在话语中的作用。比如，人们可以通过视觉模态观看视频，通过听觉模态接收语音信息，通过触觉模态感知事物的形状特征。通过这些模态的单独使用来认知事物是单模态，是传统的认知方法。而小学的英语教材采用图文并茂的形式吸引小朋友的注意，这种文字、图画、色彩的配合就具有多模态性，激发了读者阅读的兴趣。

多模态话语分析注重通过听觉、视觉、触觉等多种模态共同表达意义。多模态话语分析的话语综合框架由五个层面组成，即文化层面、语境层面、意义层面、形式层面和表达层面。文化层面是使多模态交际成为可能的关键层面。交际同时还受到语境因素的制约，包括话语范围、话语方式、话语基调所决定的语境因素，即语境层面。由语境因素所制约的概念意义、人际意义和谋篇意义构成意义层面。形式层面，是指意义实现的很多种形式，包括语言的词汇语法系统、视觉性的表意形体和视觉语法系统、听觉性的表意形体和听觉语法系统等以及各个模态的语法之间的关系。表达层面，其中身体的是指面部表情、手势、身势、动作等因素；工具性的如PPT、网络平台、实验室、实物（投影）、音箱等。[①]

在大学英语在线教学中，多模态话语分析理论具有良好的应用前景。

---

① 张德禄. 多模态话语分析综合理论框架探索[J]. 中国外语，2009（01）：25.

在教学过程中，教师通过结合教学内容、目标、教材以及教学设备等来实现教学内容的有效提升，同时也利于教师与学生之间形成良好的互动，还能够帮助教师在传授英语知识的过程中通过各种感官来对教学内容进行充分的解读，进而实现内容重组。因此，多模态话语分析理论能够帮助英语教师提升教学效果，同时增加学生对英语学习的兴趣与积极性。通过感官以及视觉、听觉的交流互动，增加学生在英语学习过程中的理解能力与认知水平，同时通过理论指导的多感官强化，实现多模态环境与教学符号的有机重组[①]，让教师的英语教学信息更加准确，教学水平不断提升，达到自己预期的教学目标。英语是具有较强实用性的学科，教师在教学过程中要强化学生的口语表达和听力水平，需要教师借助一定的教学手段来实现。在倡导"互联网+"的教育背景下，如何利用纷繁复杂的多媒体平台和在线资源促进英语教学，则需要我们更深入地研究多模态话语分析理论如何应用于英语教学，探索出全新的英语在线教学模式，以提高教学效率，提升教学效果。

二、多模态话语分析研究综述

最初的多模态话语分析是针对不同领域展开的，例如结合语言学理论将视觉交际扩展为"图像语言"，将音乐交际描述为"音乐语言"等。多模态话语分析理论以冈瑟·克雷斯（G. Kress）和范·鲁文（T.V. Leeuwen）合著的《阅读图像：视觉设计语法》（*Reading Images: the Grammar of Visual Design*）一书为标志性成果，随后在不同领域蓬勃发展起来。笔者首先对国内外多模态领域主要研究方向进行介绍，然后对多模态话语分析理论应用于国内大学英语教学的研究进行述评。

（一）国内外多模态话语分析研究综述

1. 国内多模态话语分析研究综述

目前国内多模态话语分析研究主要集中在以下三个方面：基于系统功能语言学的研究、隐喻与转喻研究和多模态语料库研究。

---

① 张艳. 大学英语课堂中多模态教学模式探究[J]. 文化创新比较研究，2019（06）：123-124.

（1）基于系统功能语言学的研究

多模态话语分析主要根据系统功能语言学理论进行研究，其原因主要在于多模态话语分析是以话语意义及其体现为研究核心，这与系统功能学理论相符合。自"多模态"这一概念引进国内以来，研究者们（李战子[1]、胡壮麟[2]、朱永生[3]）开始关注相关的概念梳理和基本理论分析，认为两者一脉相承——社会符号学发展于系统功能语法。在研究类型上，经历了从理论研究到后来理论和应用并重，研究多以标识、广告、电影、宣传片为语料。孙毅[4]，张丽萍、孙胜难和周贤[5]，辛斌和唐丽娟[6]等研究者认为图像和文字可以作为社会符号构建话语意义，验证了多模态话语分析理论在实践中的可行性。但目前多模态话语分析理论仍然存在理论不够成熟、大部分研究的理论框架较为相似等不足，需要在完善理论框架的基础上发展应用理论。

（2）隐喻与转喻研究

认知视角的多模态隐喻理论的发展是近年来多模态研究的重要成果，相对于系统功能语言学和社会符号学的多模态话语分析，多模态隐喻分析起步较晚，在理论基础研究上集中于多模态隐喻研究的缘起、表征方式和类型，逐步为多模态与视觉转喻框架提供系统的理论基础，如赵秀凤[7]和王凤[8]的研究。研究内容大多数基于漫画、纪录片、广告、海报、演讲等语类中的多模态隐喻，为解读概念隐喻与文化认知模式之间的相互作用和互动

---

[1] 李战子. 多模式话语的社会符号学分析 [J]. 外语研究，2003（05）：1-8，80.
[2] 胡壮麟. 社会符号学研究中的多模态化 [J]. 语言教学与研究，2007（01）：1-10.
[3] 朱永生. 多模态话语分析的理论基础与研究方法 [J]. 外语学刊，2007（05）：82-86.
[4] 孙毅. 多模态话语意义建构——以2011西安世界园艺博览会会徽为基点 [J]. 外语与外语教学，2012（01）：44-47.
[5] 张丽萍，孙胜难，周贤. 对话理论视角下多模态商品警示语的意义建构——烟盒警示语个案分析 [J]. 外语与外语教学，2016（04）：63-69，148-149.
[6] 辛斌，唐丽娟. 对一则社会公益广告的多模态解读 [J]. 外语教育研究，2014（01）：20-26.
[7] 赵秀凤. 概念隐喻研究的新发展多模态隐喻研究——兼评 Forceville & Urios-Aparisi《多模态隐喻》[J]. 外语研究，2011（01）：1-10，112.
[8] 王凤. 言与非言的多模态隐喻研究 [J]. 外语学刊，2013（02）：12-16.

机制提供了新的视角和研究路径，如潘艳艳和张辉[①]、杨友文[②]、冯德正[③]等人的研究。认知语言学和多模态研究相互促进发展，但是将二者真正充分结合起来进行多模态话语分析尚未引起研究者的重视，这也是今后研究的一个方向。

（3）多模态语料库研究

多模态语料库中的语料类型多样，除了语言文字文本外，还需要结合研究对不同模态的语料进行收集和标注，国内在该领域的研究仍处于理论提出和探索阶段，在语言学领域针对多模态分析可利用的软件和技术手段较少，操作难度较大。国内学者对自建多模态语料库的研究主要在语料搜集、转写、标注、检索等方面，张振虹、何美和韩智[④]，刘剑和胡开宝[⑤]，王正和张德禄[⑥]等研究者发现多模态语料库建设过程较为复杂，理论层面的研讨结果和分析还不能完全应用于实践，技术方面的挑战以及语料标注也为多模态语料库分析研究增加了难度。

2. 国外多模态话语分析研究综述

相对于国内学者而言，国际上从事多模态话语研究的时间超前了十余年。综观近几年的研究，大致可以分为四类，分别是：社会符号学的多模态话语理论研究、系统功能多模态话语分析、交互社会语言学研究和认知学派的多模态隐喻研究。

（1）社会符号学的多模态话语理论

社会符号学研究包括语言及语言之外的各种模态。多模态话语分析属于社会符号学下的系统功能符号学分支，系统功能语言学则可看作系统功

---

① 潘艳艳，张辉. 多模态语篇的认知机制研究——以《中国国家形象片·角度篇》为例[J]. 外语研究[J]. 外语研究，2003（01）：10-19，112.

② 杨友文. 海报语篇多模态隐喻表征类型研究[J]. 外语研究，2015（03）：30-35.

③ 冯德正. 多模态语篇分析的基本问题探讨[J]. 北京第二外国语学院学报，2017（03）：1，11，132.

④ 张振虹，何美，韩智. 大学公共英语多模态语料库的构建与应用[J]. 山东外语教学，2014（03）：50-55.

⑤ 刘剑，胡开宝. 多模态口译语料库的建设与应用研究[J]. 中国外语，2015（05）：77-85.

⑥ 王正，张德禄. 基于语料库的多模态语类研究——以期刊封面语类为例[J]. 外语教学，2016（05）：15-20.

能符号学的一个分支。克雷斯和鲁文等法国符号学家对形象和电影的研究方法是使用系统功能语言学理论解释其他社会符号[1]，目前已在多个领域发展出解释各种模态的语法。社会符号学的研究关注话语设计者的符号选择，使人们意识到有必要从某一种模态的语法研究发展到对跨模态的符号规则研究。

（2）系统功能多模态话语分析

韩礼德将语言视为符号资源，系统功能语法关注符号意义的生成和传播。奥图尔（O' Toole）首先将系统功能语法应用于对展览艺术的多模态话语分析，提供了动态图像的分析理论框架。[2] 奥哈洛伦（O' Halloran I.）和史密斯（B. Smith）将理论延伸到数学公式、电影领域。[3] 巴尔德利（A. P. Baldry）和蒂博（P. J. Thibault）提供了印刷传单、书页、网页、电影和电视广告的描述，发现了多模态影响语域变化。[4] 梅钦（D. Machin）将图像分成级阶来研究。[5] 系统功能语言学理论是多模态话语分析的重要理论基础，不断有研究者将三大元功能思想与多模态话语分析相结合，探讨话语意义。

（3）交互社会语言学研究

斯科隆（R. Scollon）首次提出"中介话语分析"的概念，逐渐发展为介入性话语分析。[6] 诺里斯（S. Norris）拓展了介入理论，认为社会交互存在着不同的交际模式，各模式参与交互的程度存在差异，建立了多模态话语分析模式。[7] 此后，研究者们从不同的研究方法和角度探索多模态互动分

---

[1] KRESS G, VAN LEEUWEN T. Reading images: the Grammar of Visual Design [M]. London & New York: Routledge, 1996: 39.

[2] O'TOOLE. The language of displayed art [M]. Leicester: leicester University Press, 1994: 62.

[3] O'HALLORAN I, SMITH B. Multimodal studies [A]. In L. O'Halloran & B. Smith（eds.）. Multimodal Studies: Exploring Issues and Domains [C]. London: Routledge, 2011:37.

[4] BALDRY A P, THIBAULT P J. Multimodal transcription and text analysis: a multimedia toolkit and coursebook [J]. London：Equinox, 2006（03）：23-29.

[5] DAVID MACHIN. What is multimodal critical discourse studies [J]. Critical discourse studies, 2013（04）：19-26.

[6] SCOLON R. Multimodal discourse analysis as the confluence of discourse and echnology [M]. Washington: Georgetown University Press ,1998:26.

[7] NORRIS S. Analyzing multimodal interaction: a methodological framework [M]. London: Routledge, 2004: 23.

析中的身份构建。斯图肯布罗（A. Stukenbroc）使用会话分析方法①，亨特（D. Hunt）使用批评话语分析方法②，卡尔达斯（C. Caldas-Coulthard）的社会符号学角度③、阿米宁（I. Arminen）等的系统功能语法角度④以及马丁（J. Martin）等从常人方法学（ethnomethodology）角度展开研究⑤。

（4）认知学派的多模态隐喻

福塞维尔（C. Forceville）把认知隐喻理论和广告设计相结合，分析了广告中的图像隐喻现象，将隐喻研究深入到多模态层面，提出了图像隐喻的理论框架。⑥多模态隐喻研究在国外主要集中于分析某种具体话语类型中的多模态，如图画、广告和电影等。多模态隐喻分析为隐喻和转喻的建构和解读以及隐喻和转喻之间的互动关系研究，提供了新的研究路径。

（二）多模态话语分析理论应用于国内大学英语教学研究述评

按照刘润清关于教育科研和外语教学科研的分类标准⑦，笔者将多模态话语分析理论应用于国内大学英语教学的研究分为非实证性研究和实证性研究两个维度。

1. 非实证性研究

（1）多模态话语分析理论构建大学英语教学模式研究

国内一些学者从多模态话语分析理论出发，提出了建构大学英语多模态教学模式的方法和路径。龚晖娟提出将英语原版电影引入大学课堂，并制定了课前准备、课堂观看以及看后练习的课堂教学方案。⑧袁传有基于多

---

① STUKENBROC A. Take the words out of my mouth: verbalin structions as embodied practices [J]. Journal of Pragmatics, 2014（65）: 80-102.

② HUNT D. The many faces of diabetes: a critical multimodal analysis of diabetes pages on facebook [J]. Language & Communication, 2015（43）: 72-86.

③ CALDAS-COULTHARD C. Body branded multimodal identities in tourism advertising [J]. Journal of Language and Politics, 2008（03）: 451-470.

④ ARMINEN I, et al. Repairs as the last orderly provided defense of safety in aviation [J]. Journal of Pragmatics, 2010（02）: 443-465.

⑤ MARTIN J, et al. Users in uses of language: embodied identity in youth justice conferencing [J]. Text & Talk, 2013（45）: 467-496.

⑥ FORCEVILLE C. Pictoral metaphor in advertising [M]. London & New York: Routledge, 1996: 49.

⑦ 刘润清. 外语教学中的科研方法 [M]. 北京: 外语教学与研究出版社, 1999: 25.

⑧ 龚晖娟. 英语原版电影在大学英语教学中的应用 [J]. 电影文学, 2009（11）: 143-144.

模态话语分析理论探讨了复合型课程"法律英语"的教学改革，构建了教师要多模态地教、学生要多模态地学以及师生多模态地评估的三位一体的多模态信息认知教学模式。① 朱慧玲主要探讨了多模态运用的动因以及模态选用的原则。② 王玥从第二语言教与学的客体、主体及环境等三个方面探讨了多模式的社会符号分析法的第二语言教学。③ 代树兰主张从增强意识、加强理论研究和注重师资培养几方面为多模态话语分析理论应用于英语教学提供方法与策略。④ 范勇慧注重探讨如何协调多模态间的关系以及多模态教学中应该注意的问题。⑤ 郭建红和黄田主要对大学英语教学新模式中的主导模态的选择因素以及多模态选择所具有的优势进行了探讨。⑥ 杨文慧认为大学英语教师在商务英语教学中对不同模态在实用性、媒介性以及技术性等课程中的教学理念和相互作用要有所认知。⑦ 姚晓鸣从基本内容、综合教学程序两个方面构建了大学英语课堂教学的角色互动模型。⑧ 钱秀娟着重对课堂教学中的视觉模态和听觉模态进行分析，并阐明了两者意义实现的各种形式。⑨ 王拙从教师、模态的选择和协调、教学方法以及网络教学平台与传统教学模式的结合等方面探讨了大学的多模态英语教学。⑩ 魏涛和朱天祥主

---

① 袁传有. "多模态信息认知教—学模式初探"——复合型课程"法律英语"教学改革尝试 [J]. 山东外语教学，2010（04）：10-18.

② 朱慧玲. 多模态语境下英语教学的思考 [J]. 长江工程职业技术学院学报，2010（01）：76-77.

③ 王玥. 多模态话语研究视角下的第二语言教学 [J]. 哈尔滨学院学报，2010（08）：89-92.

④ 代树兰. 关注多模态话语教学 提高学生交际能力 [J]. 山东外语教学，2011（03）：48-53.

⑤ 范勇慧. 多模态话语分析在英语教学中的应用研究 [J]. 内蒙古民族大学学报，2011（04）：168-169.

⑥ 郭建红，黄田. 多模态互存的大学英语教学新模式 [J]. 湖南工业大学学报（社会科学版），2011（04）：113-115.

⑦ 杨文慧. 论大学商务英语教学课程战略理念与模式构建 [J]. 广东外语外贸大学学报，2011（05）：85-89.

⑧ 姚晓鸣. 多模态大学英语课堂的角色建模与教学设计 [J]. 郑州航空工业管理学院学报（社会科学版），2011（04）：168-171.

⑨ 钱秀娟. 多模态话语在研究生导师课堂教学中的体现 [J]. 赤峰学院学报（汉文哲学社会科学版），2011（06）：220-221.

⑩ 王拙. 大学多模态英语教学初探 [J]. 长春金融高等专科学校学报，2012（04）：69-71.

要从语言专业"双结合"、形式热点"专题化"、教学手段"多模态"、教学内容"深解析"、教学素材"多元化"、学生学习"自主化"、考核评价"素质化"以及教学科研"互转化"等方面探讨了多模态双语复合型教学模式的设计。[1] 陈小近和谭明霞从教师话语、演示文稿以及非言语模态的互动性方面探讨了多模态话语的交互设计。[2] 任俊桦集中探讨了模态的选择、搭配，同一模态各媒体间的协作以及多模态练习的设计。[3] 曾蕾调查了高校英语课堂中多模态话语教学的现状。[4] 刘菲从多模态教学资源构建、多通道教学信息传递、多模态英语课堂教学开展、多模态英语课外实践教学设计、多模态英语教学评价体系等方面探讨了多模态英语教学的体系构建。[5] 王蓓和陆晓华指出多模态话语分析理论应用于大学英语课堂教学具有积极意义。[6] 周健结合交互设计理论，建构了"互动蜂窝模型"，并对该模型的七个要素进行了阐释。[7] 沈兆文从教学模式、教学内容以及课程考核体系等方面探讨了基础英语课程的多模态教学设计。[8] 郭爽认为多模态环境下大学英语任务教学分为多模态教学任务设计和多模态任务教学实施。[9] 王粉梅提出了勿求多、勿求同和大胆试的多模态选择三原则。[10] 刘燕从教学资源、教

---

[1] 魏涛,朱天祥. 多模态双语复合型教学模式探索[J]. 外国语文,2013(91)：177-179.

[2] 陈小近,谭明霞. 外语教师课堂多模态话语交互性设计[J]. 长春教育学院学报,2013(12)：144-145.

[3] 任俊桦. 多模态PPT演示教学在大学英语教学中的优化研究——以天津工业大学英语拓展课程"美国社会与文化"为例[J]. 西南农业大学学报(社会科学版),2013(12)：133-136.

[4] 曾蕾. 大学英语多模态教学模式研究[J]. 北京科技大学学报(社会科学版),2014(05)：9-15.

[5] 刘菲. 国际化人才培养目标下的多模态高校英语教学体系构建[J]. 外语研究,2014(06)：63-66.

[6] 王蓓,陆晓华. 多模态话语分析理论在大学英语课堂教学中的应用研究[J]. 湖北函授大学学报,2015(17)：139-140.

[7] 周健. 新媒体背景下的多模态话语分析理论应用研究——以大学英语教学为例[J]. 浙江传媒学院学报,2015(02)：118-221.

[8] 沈兆文. 英文影视作品在《基础英语》多模态教学中的应用研究[J]. 哈尔滨职业技术学院学报,2015(03)：118-119.

[9] 郭爽. 多模态大学英语任务教学实践探究[J]. 长春师范大学学报,2015(10)：116-118.

[10] 王粉梅. 蒙古族大学生公共英语课堂多模态教学实践[J]. 沈阳农业大学学报(社会科学版),2015(05)：590-594.

学方式和评价手段等方面入手,探讨了多模态视野下的独立学院大学英语教学优化研究。[1]沈兆文和张其海则认为影视作品应用于英语教学,能够满足学生学习英语时的视觉、听觉、触觉等感觉需求,从而有利于激发学生的学习兴趣,提高学生的英语综合能力。[2]辜贤禹认为多模态互动教学模式由学期初课程导入、单元主题选择、单元主题练习、主题活动设计、活动展示评价和教学反馈等六部分组成。[3]柯惠娟构建了由移动学习指引、数字化辅助教学以及教学效果反馈与评价组成的多模态环境下大学英语移动教学模式。[4]

从上述文献看,国内的研究大多集中在将多模态话语分析理论应用于大学英语的教学模式构建。研究从各方面构建大学英语的多模态教学模式,虽然取得了成绩,但大都是思辨性的研究,缺乏验证,因此一定程度上缺乏说服力。从"观察描述—假设提出—预示—假设检验—理论成果"演绎法研究思路来看[5],目前国内大学英语的多模态教学模式的研究才发展到第三步。"假设"只有得到"试验"的验证才可能发展成理论,因此,未来研究应该增加对模式的验证试验。

（2）多模态话语分析理论与大学英语视听说教学

基于多模态话语分析理论,国内学者从不同层面对大学英语视听说教学展开研究。谢竟贤和董剑桥主要论述了多媒体、多模态条件下的听力教学本质、文本选择及任务设计。[6]夏艳探讨了大学英语视听说教学中的文化

---

[1] 刘燕. 多模态视野下的独立学院大学英语教学优化研究 [J]. 长治学院学报,2015(06):101-103.

[2] 沈兆文,张其海.《基础英语》课程多模态教学设计研究 [J]. 河北广播电视大学学报,2015(03):69-71.

[3] 辜贤禹. 网络环境下大学英语多模态互动教学模式建构 [J]. 高教论坛,2016(07):69-74.

[4] 柯惠娟. 多模态环境下大学英语移动教学模式建构 [J]. 海南广播电视大学学报,2017(02):154-158.

[5] SELIGER H W, SHOHAMY E. Second Language Research Methods [M]. New York: Oxford University Press,1989:56.

[6] 谢竟贤,董剑桥. 论多媒体与多模态条件下的大学英语听力教学 [J]. 外语电化教学,2010(06):9-13.

导入的互动模式。[1]邱晓红提出以主、次模态的合理运用，模态的有机灵活转换以及模态前景、背景有效配合的路径来指导高职商务英语听说教学。[2]任红锋等探讨了听力与多模态环境、自主学习及有效学习三者之间的关系，并总结了多模态环境下自主听力有效学习的三大特征。[3]张瑞认为多模态听力教材的运用、教学模式的设计以及学习模式等环节构成多模态英语听力教学模式。[4]高翔认为，静态图片类视觉信号如果主要是提供交际场景而与对话内容无关时，学生听力表现与单纯听音差异不明显，反之，则可以提升听力理解的表现。而动态视频类试听测试则有较多的积极评价。[5]

基于文献，多模态话语分析理论与大学英语视听说教学的研究主要有：①多模态教学模式的探讨，如夏艳和张瑞的研究；②多模态教学设计，如谢竞贤、董剑桥和邱晓红的研究；③多模态英语听力自主学习模式，如任红锋等人的研究；④多模态听说测试，如高翔的研究。相比其他学科，国内研究者对该科目的研究范围更广，数量更多。究其原因，在于视听说课程本身就要求视觉模态与听觉模态的参与，因而对多模态指导教学的需求更迫切。

（3）多模态话语分析理论与大学英语写作、词汇、口语、翻译、阅读及英美文学教学

将多模态话语分析理论与大学英语写作教学实践结合，陈楚雄提出教师教学及学生学习多模态构成了大学英语写作教学多模态化。[6]原伟亮把写作教学分解为学前写作、课堂讨论、听取教师的范文评析、接受教师的写作指导、自我修正、小组交流与评议、课外任务型练习与接受教师评阅等

---

[1] 夏艳. 多模态性大学英语视听说教学中文化导入的互动模式研究[J]. 常熟理工学院学报，2011（06）：63-65.

[2] 邱晓红. 基于多模态话语分析理论的高职商务英语听说教学改革探索[J]. 无锡职业技术学院学报，2011（03）：49-52.

[3] 任红锋，张晓世，杨琴琴，等. 多模态环境下自主听力有效学习及其特征简析[J]. 山西农业大学学报（社会科学版），2013（08）：857-859，864.

[4] 张瑞. 多模态英语听力教学模式探析[J]. 长春教育学院学报，2013（02）：90-91.

[5] 高翔. 英语多模态听力测试的现状与展望[J]. 四川教育学院学报，2011（08）：98-101.

[6] 陈楚雄. 多模态化大学英语写作选修课教学策略研究[J]. 和田师范专科学校学报，2011（02）：127-128.

环节。① 王焰基于互动教学内涵和多模态理论，把写作教学分为教学主体、教学主客体以及教学客体之间的多模态互动。② 孔亚楠认为外语课堂中使用图像加文字的多模态话语能够为目的语学习者提供更多的语境信息，帮助其更有效地理解和记忆词汇。③ 刘海清从构建警务英语口语库、利用视频创设情境、教师再创情境、采取形成性和终结性相结合的评价模式等方面探讨了多模态视角下的公安院校大学英语口语教学策略。④ 张琳认为听觉和视觉模态符号组成了大学英语口语课堂的模态符号。⑤ 刘芹和潘鸣威从语音、词汇、句法、篇章、非言语交际等多个标注维度构建了我国理工科大学生英语口语多模态语料库。⑥ 赵锐以语音训练和"主题式"口语练习为案例探析了多模态视阈下的大学英语口语教学实践。⑦ 周天楠、何利民和李春明主张从选材、课堂、翻译理论以及评估4个方面探讨翻译教学策略的多模态性。⑧ 吴雪颖分析了改编电影的多模态特征，电影与文学作品的多模态融合，电影、多模态交际效果以及利用改编电影进行英美文学多模态教学的原则。⑨ 郭志斌认为基于人本主义的英文影视多模态教学，教师要以"学生为本"，多开展以学习为中心的、多模态的、积极的学习活动，以实现最佳教学效果。⑩ 李碧云从课堂教学、网络学习、第二课堂以及考核方式等4个方面构

---

① 原伟亮. 多模态话语分析在英语写作教学中的应用[J]. 浙江海洋学院学报（人文科学版），2014（02）：67-70.

② 王焰. 多媒体英语写作教学中的多模态互动模式[J]. 外语电化教学，2010（06）：14-19.

③ 孔亚楠. 多模态话语分析与外语词汇教学[J]. 语文学刊，2008（12）：154-156，159.

④ 刘海清. 多模态视角下的公安院校大学英语口语教学策略[J]. 湖北警官学院学报，2015（04）：155-157.

⑤ 张琳. 大学英语口语课堂中的多模态话语分析[J]. 重庆科技学院学报（社会科学版），2010（13）：202-204.

⑥ 刘芹，潘鸣威. 理工科大学生英语口语多模态语料库构建研究[J]. 现代教育技术，2010（04）：69-72，119.

⑦ 赵锐. 多模态视阈下的大学英语口语教学实践探析[J]. 西安文理学院学报（社会科学版），2016（06）：103-106.

⑧ 周天楠，何利民，李春明. 多模态视阈下的大学英语翻译教学策略研究[J]. 重庆文理学院学报（社会科学版），2017（06）：105-110.

⑨ 吴雪颖. 基于改编电影的英美文学多模态教学模式探析[J]. 电影文学，2009（22）：155-156.

⑩ 郭志斌. 基于人本主义的英文影视多模态教学[J]. 电影文学，2010（22）：150-151.

建多模态英美文学教学模式[1]。李冰芷认为把握英文语境中的逻辑顺序分析语篇可以提高阅读效率[2]。姚克勤认为可以从教师教学设计、学生的多模态学习以及师生多模态反馈3个方面构建非英语专业英语阅读教学模式[3]。马莉、刘庆连和刘忠伏从文化、语境、内容和表达等4个层面探讨了在大学英语阅读教学中对学生多模态识读能力的建构。[4]

与视听说相比较,国内学者关于多模态话语分析理论与写作、词汇、口语及翻译、阅读及英美文学教学的研究数量相对较少。虽然口语教学研究和写作教学研究占有一定的比例,但是涉及翻译、词汇、阅读及英美文学教学的研究却不多,因此完善各个方向的研究对整个英语教学来说具有重大的意义。

(4)多模态话语分析理论与学生多元识读能力的研究

从提升学生多元识读能力视角出发,吴玲娟认为融合了文字、声音、色彩、动画、印刷版式等符号资源并涉及听觉、视觉等多种感官交互的多模态英语教学能更有效地提升学生的多元识读能力。[5]韦琴红表明,大一学生倾向使用直观性多模态语篇来展示演示文稿,但对其他符号模态的运用以及利用技术和各种信息渠道来构建意义的能力还不够,由此认为目前大一学生的多元识读意识和能力较弱,并提出了改进策略。[6]胡雯主张从教师和学习者两个角度出发培养多模态识读能力。[7]万文君指出当前的学生具有一定的多模态意识及认知水平,但是对于非语言符号的表意功能还不够清

---

[1] 李碧云. 英美文学多模态教学模式的构建与实践[J]. 渭南师范学院学报,2017,32(10):50-54.

[2] 李冰芷. 多模态话语理论在大学英语阅读教学中的应用[J]. 长春教育学院学报,2013,29(04):96,103.

[3] 姚克勤. 多模态话语分析与非英语专业阅读教学模式探索[J]. 西安财经学院学报,2014,27(03):122-124.

[4] 马莉,刘庆连,刘忠伏. 多模态识读能力在大学英语阅读教学中的建构[J]. 湖北科技学院学报,2015,35(11):121-123.

[5] 吴玲娟. 多模态英语教学对大学生多元识读能力影响实证研究[J]. 现代教育技术,2013,23(10):82-86.

[6] 韦琴红. 多模态化与大学生多元识读能力研究[J]. 外语电化教学,2009(02):28-32.

[7] 胡雯. 多模态话语分析在英语教学中的应用[J]. 山东理工大学学报(社会科学版),2011,27(03):104-108.

晰。①

该方向的研究主要涉及学生多模态识读能力培养的意义、学生多模态识读能力的现状以及培养学生多模态识读能力的教学设计，但是这些研究大体上还是限于思辨及对西方理论的验证研究，因此，探讨适合本土学生的多模态识读能力的培养方案是未来的发展趋势。

（5）多模态话语分析理论与使用演示文稿教学研究

针对目前普遍使用的演示文稿教学，一些研究者从不同角度开展了相关研究。戴培兴、方小菊和高蕴华认为演示文稿具有可操作性、承载信息量大以及模态变化的优势，是语篇、语境、信息结构的再现。②江华珍和陈清从演示文稿的视觉模态、音响模态以及视频模态等方面探讨了演示文稿在大学英语课堂的运用。③范莹芳、杨秀娟和王军通过文献研究、调查与采访以及课件制作及试用、效果反馈分析等方法，研究确立了文学史课程中多模态课件设置的原则。④

使用演示文稿教学是目前高校课堂的主要模式，因此该类课题的研究能够有效地促进高校教学质量的提升。虽然目前国内研究指出在演示文稿制作时要注意各个模态之间的协调和搭配，但是对于各个模态之间具体应该如何搭配和协调以及各个模态搭配对于学习者会产生何种影响，研究者们大多没有给出具体答案。据此，笔者认为引进计算机技术、认知心理学等学科的知识对于该类课题的研究具有重大意义。

（6）多模态话语分析理论及其他

魏际兰指出精读课教师话语的多模态特征可以总结为：①以视觉、听

---

① 万文君. 大学英语多模态读写能力现状及对策探析[J]. 湖北函授大学学报，2017，30（24）：156-158.
② 戴培兴，方小菊，高蕴华. 技术与意义的生成——论多模态PPT在大学英语课堂中的应用[J]. 东华大学学报（社会科学版），2008（02）：122-129.
③ 江华珍，陈清. 论多模态PPT在大学英语课堂中的应用[J]. 琼州学院学报，2011，18（03）：129-130.
④ 范莹芳，杨秀娟，王军. 英国文学史及选读课程多模态课件设置研究[J]. 长春教育学院学报，2013，29（23）：64-65.

觉模态为主要模态；②以教师语言为主要媒体；③工具性媒体必不可少。[①]陈黎峰和韩娜提出从利用跨境电商平台、实施多模态教学方法以及多模态评价方式等方面实施课程改革。[②]任蓉从概念意义、人际意义以及语篇意义上分析课堂中的文字和图像是如何构建意义的，并指出教师对整个课堂的掌控程度是多模态符号资源意义构成的影响因素。[③]

目前国内多模态话语分析理论应用于大学英语教学微观方面的研究，除了大学英语多模态教学应用理论研究，视听说、口语、词汇、翻译、英美文学教学研究，学生多元识读能力培养研究外，还涉及教师话语、跨境电商课程、意义构建和多模态评价的研究，但是对后四者的研究力度还有待加强。

2. 实证性研究

针对多模态教学对于提高学生英语能力的有效性，国内研究者从不同角度收集和分析整理相关定量和定性数据，展开研究。龙宇飞和赵璞的研究结果表明，多模态与元认知策略之间有较强的交互，两者的结合比单独的元认知策略或多模态更能促进听力理解。[④]刘芹和潘鸣威设计出一套中国大学生英语口语非言语交际标注指标，并进行了试验验证，结果表明，在非言语交际上存在不充分、不自然进而影响整体口语输出质量的情况。[⑤]王玉雯研究表明多模态英语听力自主学习能有效地提高听力自主学习及口语学习能力。[⑥]陶亚楠调查了多媒体环境下不同的模态组合对专业英语听力理解的影响，研究表明：①合理模态组合可以显著提高学生的听力理解能力；

[①] 魏际兰. 大学英语精读课教师话语的多模态分析[J]. 四川教育学院学报，2011，27（03）：98-102.

[②] 陈黎峰，韩娜. 基于多模态话语分析的跨境电商课程改革探索[J]. 宁波教育学院学报，2017，19（05）：31-33.

[③] 任蓉. 多模态大学英语课堂语篇的话语意义构建[J]. 广西教育学院学报，2015（06）：152-155.

[④] 龙宇飞，赵璞. 大学英语听力教学中元认知策略与多模态交互研究[J]. 外语电化教学，2009（04）：58-62，74.

[⑤] 刘芹，潘鸣威. 多模环境下中国大学生英语口语非言语交际能力研究初探[J]. 外语电化教学，2010（02）：38-43.

[⑥] 王玉雯. 多模态听力自主学习的设计及其效果研究[J]. 外语电化教学，2009（06）：62-65.

②视觉模态和听觉模态信息需要相互对应才能发挥积极作用,并且英语字幕比汉语字幕更有利于听力理解。[①]盛仁泽研究了元认知策略、多模态、元认知策略和多模态交互以及传统听力和听力理解以及词汇附带习得的关系。研究结果显示,元认知策略和多模态交互比单独运用更能够促进听力理解和词汇附带习得。[②]付蓓利用文字、图片和声音等各种符号建立一个读写情景并对该教学模式的可行性进行了验证。研究显示多模态化的英语写作教学能有效提高学生英语写作能力和对写作学习的热情。[③]李晶通过实证研究检验了多模态话语分析理论应用于大学英语写作教学的效果,结果表明,实验班的学生写作成绩和对照班学生的写作成绩差距显著。[④]张征表明,多模态文稿演示教学能够提高学生的学习成绩,对提高学生的短时记忆效率有帮助,但与长效学习成绩相关性不够显著。[⑤]都婧婧研究认为播放电影视频班级的教学效果比未播放视频班级的效果好。[⑥]戴志敏和郭露构建了多模态信息认知案例教学效果评价模型,研究以学生个体、案例教学期望、案例选择偏好及案例教学准备为潜变量并进行结构方程分析。结果表明,上述4个因素不仅相互影响,而且共同影响着多模态案例教学的效果。[⑦]顾成华认为网络学习平台、教师课堂导读、学生会话交流以及其他各类社会资源构成了现代信息技术的大学英语多模态自主学习。实证研究表明,该模

[①] 陶亚楠. 多模态专业英语听力教学模式的实证研究[J]. 长春教育学院学报, 2014, 30 (07):71-72.

[②] 盛仁泽. 元认知策略与多模态交互下的听力理解和词汇附带习得[J]. 黑龙江高教研究, 2011 (09): 179-182.

[③] 付蓓. 多模态化的英语写作教与学[J]. 湖北师范学院学报(哲学社会科学版), 2010, 30 (05): 136-139.

[④] 李晶. 多模态视角下大学英语写作教学模式研究[J]. 长春教育学院学报, 2014, 30 (07): 76, 109.

[⑤] 张征. 多模态PPT演示教学与学生学习绩效的相关性研究[J]. 中国外语, 2010, 7 (03): 54-58.

[⑥] 都婧婧. 英语电影视频语篇与视听说教学[J]. 电影文学, 2011 (08): 161-162.

[⑦] 戴志敏, 郭露. 多模态信息认知教学模式中案例教学效果解析[J]. 教育学术月刊, 2013 (01): 79-83.

式对于提高学生自主学习能力和学生的英语水平均起到了积极作用[1]。夏颖的实证研究则指出教师传统教学模式与学生自主学习两者折中的学生自主学习模式具有最好的学习效果。[2]

目前国内学者对于多模态话语分析理论与大学英语教学的实证研究主要集中于视听、写作、教学模式，而对口语、翻译、英美文学、学生多元识读能力、翻译等方面的研究却鲜有涉及。只有对多模态话语分析理论与大学英语教学各个方面的研究进行实证才能够证明观点的可靠性和科学性，才能够证明理论指导的可行性，因此，加大对各方面的实证研究对于检验各个研究成果的效度和信度具有重要意义。

3. 成就与不足

目前国内多模态话语分析理论与大学英语教学研究涉及大学英语教学的各个方面，有着丰富的研究成果，标志着国内大学英语多模态教学研究逐步由不成熟走向成熟。具体而言，目前该主题的研究成就可以概括如下。

（1）研究范围广且呈现多元化趋势

纵观现有文献，多模态话语分析理论与大学英语教学研究涉及教学模式构建、视听说、写作、口语、翻译、英美文学、学生多元识读能力、演示文稿教学以及教师话语研究。

（2）研究理论创新

自多模态话语分析理论被引入到国内以来，国内学者就开始探讨其与外语教学的结合。胡壮麟和董佳[3]、顾曰国[4]、张德禄[5]等学者的研究为多模

---

[1] 顾成华. 基于现代信息技术的大学英语多模态自主学习[J]. 长春教育学院学报，2013（23）：68-69.
[2] 夏颖. 基于多模态话语分析理论的大学生自主学习模式研究——以大学英语课程为例[J]. 黑龙江高教研究，2016（09）：138-141.
[3] 胡壮麟，董佳. 意义的多模态构建——对一次PPT演示竞赛的语篇分析[J]. 外语电化教学，2006（03）：3-12.
[4] 顾曰国. 多媒体、多模态学习剖析[J]. 外语电化教学，2007（02）：3-12.
[5] 张德禄. 多模态话语理论与媒体技术在外语教学中的应用[J]. 外语教学，2009（04）：15-20.

态话语分析理论应用于国内的外语教学研究奠定了理论基础。袁传有[①]、周健[②]、柯惠娟[③]等学者结合认知语言学、新媒体技术以及计算机技术与多模态话语分析理论构建大学英语教学模式，对于相关研究的完善具有重要意义。

尽管国内多模态话语分析理论与大学英语教学研究已经取得了很大的成就，但仍有很大的拓展空间，具体如下。

首先，研究范围有待拓展。通过中国知网的高级搜索引擎以多模态话语分析理论与英语教学为关键词搜索相关文献，截至2023年1月总共搜到223篇，其中涉及大学英语教学的有141篇，初中英语教学的34篇，小学英语教学的7篇，高中英语教学的7篇，高职英语教学的30篇，中职英语教学的4篇。从不同教育层次涉及的论文研究数量来看，目前国内多模态话语分析理论与英语教学研究主要涉及大学英语教学的论文颇多，这和大学要求教师进行教学科研有很大关系。但是，只有加大对高职、中职、高中、初中及小学等各个层次的英语教学研究，才能够验证理论的普适性。

其次，研究方法比重有待平衡。如前文所述，目前国内关于多模态话语分析理论与英语教学的研究主要属于思辨性研究。然而这类研究仅仅属于一种对问题的假设，研究中各种模式的创造及对英语教学的积极作用只能够看作是一种逻辑性强的推理结果，仍待验证，缺乏信度和效度。尽管国内关于该类课题的实证研究数量也在不断攀升，但是研究也仅仅限于听力、写作以及教学模式的验证，而对其他方面的研究却鲜有触及。因此，加大相关实证研究可以提升研究结果的信度和效度。

再次，适时进行研究内容转向。蔡基刚在"'外语环境下'开展英语作为二语教学的范式探索"一文中详细论述了"外语教学"和"二语教学"，并认为把英语作为二语教学是"一带一路"和一流大学、一流学科建设背

---

① 袁传有. "多模态信息认知教—学模式初探"——复合型课程"法律英语"教学改革尝试[J]. 山东外语教学, 2010（04）: 10-18.

② 周健. 新媒体背景下的多模态话语分析理论应用研究——以大学英语教学为例[J]. 浙江传媒学院学报, 2015（02）: 118-221.

③ 柯惠娟. 多模态环境下大学英语移动教学模式建构[J]. 海南广播电视大学学报, 2017（02）: 154-158.

景下中国英语教学的主要出路[①]。因此，国内多模态话语分析理论加大对ESP（即English for Specific Purposes，专门用途英语或特殊用途英语，以下简称ESP）英语教学的探讨，对于适应未来国内英语教学改革的方向具有建设性意义。

最后，跨学科知识引进不够。目前国内多模态话语分析理论与大学英语教学的研究大部分都是以胡壮麟[②]、顾曰国[③]、张德禄[④]等学者的研究理论为指导理论，进行理论的研究验证，缺乏对跨学科知识的引进。然而韦琴红指出，多模态话语的最大特点就是跨学科性。[⑤]因此，多模态话语分析理论与大学英语教学的研究也应该引进跨学科知识，以完善相关研究。例如：以认知科学的研究成果为借鉴，用双编码理论、认知负荷理论和建构主义理论分析探讨多模态学习过程以及学生的习得特点，从而指导演示文稿上模态的呈现、搭配与协同；以语用学的关联理论来指导模态的选择；以人际语用学理论来指导大学英语多模态教学的人际意义的构建等。通过跨学科知识的引进，可以为大学英语多模态教学提供更多的研究视角，也可以为目前课题研究所遇到的问题，如模态的选择、搭配以及协同等提供新的解决思路。

三、多模态话语分析理论在大学英语教学中的应用价值

将多模态话语分析理论应用于大学英语教学中有诸多好处。首先，创建生动活泼的课堂氛围，快速吸引学生注意力，取得良好的课堂教学效果；其次，为了满足不同英语基础学生的需求，教师可提供多元条件，使学生能结合自身需求学习；再次，建立多模态化的生态课堂，从而使教师、学生、

---

① 蔡基刚. "外语环境下"开展英语作为二语教学的范式探索——改革开放40周年我国高校外语教育的回顾与反思[J]. 东北师大学报（哲学社会科学版），2018（05）：12-17.
② 胡壮麟，董佳. 意义的多模态构建——对一次PPT演示竞赛的语篇分析[J]. 外语电化教学，2006（03）：3-11.
③ 顾曰国. 多媒体、多模态学习剖析[J]. 外语电化教学，2007（02）：3-12.
④ 张德禄. 多模态话语理论与媒体技术在外语教学中的应用[J]. 外语教学，2009（04）：15-20.
⑤ 韦琴红. 多模态化与大学生多元识读能力研究[J]. 外语电化教学，2009（02）：28-32.

教学资料、教学媒介等各因素协同合作、相互补充。具体应用价值如下。

（一）在多模态教学理论系统下营造新的教学氛围

多模态话语沟通就是应用多种多样的方式进行话语交流。传统的英语教学是教师完全地掌握课堂主动权，对学生讲授英语知识，学生在英语课堂上被动接受来自教师的英语知识。[①] 随着教育改革化不断深入，在多模态话语教学理论指导下，大学英语教师对自身课堂不断改善，应用多媒体技术的现象也不断增加。通过视觉听觉等方式将教学内容呈现给学生，能够提高学生在在线英语课堂上的学习兴趣与注意力集中程度，使学生对英语知识有更深入的了解，能够将传统英语课堂上的师生关系，改善成合作关系，教师只是扮演着引导的角色。在未知领域和学生一起探讨，加强教师对学生的管理，还提高了课堂上的效率，营造出新的教学氛围。[②]

（二）帮助学生有效地引导信息表达

多模态话语教学理论改善了教师的在线英语课堂教学方式，有助于提升学生对英语信息的筛选能力以及处理能力。[③] 在线英语教学环节中最重要的就是师生互动环节，能够应用情景教学的方式来让学生进入到特定的情境环节中，或者播放相关视频增加师生的互动，有效提高学生的兴趣。在大学期间，学生要提升英语成绩，最重要的就是依靠学生的自主学习能力，而在自主学习过程中会遇到各种各样的问题，不一定都能够解决。因此这就对学生的自学能力以及信息处理能力有着重要的要求。多模态话语教学理论能够刺激学生的各个感官，但是对学生的相关能力培养还是需要教师给予正确的指引，在教师的指引中能够使学生自主参与到学习中，教师不能够参与过多，只需扮演着旁观者和指导者的角色。

（三）促使学生主动参与到学习的过程中

多模态话语教学理论中的很多非语言因素对学生课堂上的积极性起到

---

① 谌艳.大学英语教学中多模态话语理论效用分析及构建途径探究[J].湖北开放职业学院学报，2019（08）：185-186.

② 肖芳英.多模态交互教学模式下大学英语跨文化交际能力的培养研究[J].智库时代，2019（52）：214-215.

③ 肖志华.大学英语多模态课堂教学实践——评《大学英语多模态课堂教学研究》[J].高教探索，2017（02）：131.

了重要的作用，但是这些非语言因素在在线英语课堂中的应用是需要教师对所讲授的内容进行完善与讲解的。教师针对自身教学目标以及教学内容的不同配置相应的音频与视频等，在这一过程中教师还要注意关注背景以及内涵意义，避免出现达不到自身教育需求的情况。其中非语言因素主要包括图片、视频、音乐等，通过这些方式能够激发学生对在线英语课堂的兴趣，增加学生对英语知识的了解，加强学生对英语知识的记忆，从根本上改善传统英语教学的方式，转变英语课堂理论指导教学的方式，最大程度地发挥学生的主动性，真正使学生主动地参与到英语学习中。

（四）提升学生对于英语学习的兴趣

高效的知识学习最重要的因素就是靠兴趣，而在传统课堂上教师属于管理者，学生受到的约束很多。相较于中小学生而言，大学课堂上学生具有相对更大的自由性，但长期的传统教学模式造成了学生被动接受的心态养成，导致其英语学习兴趣低，参与意识不强。而多模态话语教学理论就是针对这种情况提出解决措施，它能够在特定环境提高学生的主动性，提升学生的兴趣。在各种感官刺激下，学生对未知事物的好奇心会促使他们对英语进行深入的探究，同时教师也可以改善课堂管理方式，增进师生互动和交流。

（五）做好多模态教学的评价管理工作

在将多模态话语分析理论引入大学英语在线课堂时，学校要严格按照一定的教学标准以及教学目标，对教师的应用水平进行评价，针对教师多模态话语分析理论教学中出现的不足要及时改进。在在线英语课堂中，要建立多模态话语分析理论评估机制，要在评估语言文字的基础上对图像、音频等资料进行评估，同时要制定科学的量化指标，对教师在线英语课堂中的多模态话语分析理论教学做出科学的评价。教师还要注重对自身教学质量的自评工作，要结合自身教学内容以及学生的评价内容来对自己教学整个过程应用的多模态教学进行评价，同时深入分析自己多模态话语分析理论应用是否合理、信息匹配是否得当。通过做好科学的教学评价以及相对严格的管理工作，能够将目前在线英语课堂中的多模态话语分析理论进行改善以及提升，同时这个过程中还要保证学生的积极参与，因为学生才是课堂的主体，并且对教师的教学效果具有最大发言权，因此只有保证学生的有效融入才能保证评价的客观以及公平。此外，整个评价过程中还要严格地遵循公平与客观的原则，保证评价管理在大学英语在线课堂中充分地发挥作用。

第二章　多模态话语分析理论在大学英语教学中应用的理论渊源

随着网络多媒体技术在教育领域的广泛应用，多模态话语分析理论在大学英语教学中应用的理论问题开始进入人们的视野。目前关于多模态话语分析理论在大学英语教学中应用的探讨还不是很多，对多模态话语分析理论在大学英语教学中应用的本质研究还不够深入。本章主要综述外语教学领域中一些经典的学习理论，包括行为主义学习理论、认知学习理论、建构主义学习理论、自主学习理论、信息加工理论、人本主义、输入假设、输出假设等理论，以及改革开放以来我国的大学英语课程政策，这些理论和政策是本书研究的理论基础和现实依据，用来指导多模态话语分析下的大学英语教学。

一、多模态话语分析理论在大学英语教学中应用的理论基础

（一）系统功能语言学理论

系统功能语言学把语言当成是人类交际的其中一种资源，探究的是人们如何运用语言去表达自己的思想和达到交际目的，因此涉及的面非常宽范。韩礼德创建的系统功能语言学，主要由融为一体的系统和功能两个部分组成。系统是由一系列语言功能选项组成的集合，功能是系统中体现的语言意义和价值。该理论以语义为核心，建立在一个基本假设之上，即在最底层上，一切语言都离不开交际中的语言运用本质。根据系统功能语言

学理论，语言要同时体现三种元功能——概念功能、人际功能、语篇功能。概念功能，即语言表达人类的经验和逻辑关系的功能；人际功能，即语言表达交际者之间的交流关系和角色关系以及社会地位的功能；语篇功能，即语言表达语篇和语境的关系，以及语篇内部的组织的功能。

多模态外语教学的理论，即从系统功能语言学那里接受了语言是社会符号和意义潜势的观点，认为语言以外的其他符号系统也是意义的源泉；接受了系统理论，认为多模态话语本身也具有系统性；接受了纯理功能假说，认为多模态话语与只包含语言符号的话语一样，也具有多功能性，即同时具有概念功能、人际功能和语篇功能；接受了语域理论，认为语境因素和多模态话语的意义解读之间有着密不可分的联系。

系统功能语言学可以作为多模态话语的理论框架。这个框架主要由五个层面的系统组成。

（1）文化层面

包括作为文化的主要存在形式的意识形态和作为话语模式的选择潜势的体裁或者称体裁结构的潜势。

（2）语境层面

包括由话语基调和话语方式组成的语境构型。

（3）意义层面

包括由几个部分组成的话语意义及概念意义、人际意义和语篇意义。

（4）形式层面

实现意义的不同形式系统，包括语言的词汇语法系统，视觉性的表意形体、听觉性的表意形体和听觉语法系统、触觉性的表意形体和触觉语法系统等，以及各个模态的语法之间的关系，分为互补性和非互补性的两大类。互补性包括强化和非强化两类；非互补包括内包、交叠、增减、情景交互。

（5）媒体层面

是话语最终在物质世界表现的物质形式，包括语言的和非语言的两大类，语言的包括纯语言的和伴语言的两类。非语言的包括身体性的和非身体性的两类。身体性的，包括面部表情、手势、身势和动作等因素；非身体性的，包括工具性的，如PPT、实验室、实物（投影）、音响、同声传译室等。

（二）社会符号学理论

社会符号学以韩礼德的系统功能语言学为基础。社会符号学关注的是特定于某一文化、某一社团的符号实践。社会符号学优先研究的是把指称行为作为实例，并把社会的指称实践作为经常的、可重复的、可识辨的类型。它认为社会有意义的行动构成各种文化（社会符号系统），文化就是相互连接的、对社会具有意义的实践系统。人们依赖这种系统使这些实践和其他实践具有意义，不仅仅是通过清晰的信息传递，也通过所有形式的对社会有意义的活动（说话、画图、衣着、烹调、建筑、打架等）。

模态是可对比和对立的符号系统，比如，我们感受客观世界的视觉、听觉、触觉、味觉、嗅觉是不同的感知模式，再具体说，写文章、唱歌、跳舞是采用符号表达情感的模式。韩礼德关于信息传递的社会符号学理论推动了多模态表达的研究。首先，物质的媒体经过社会长时间的塑造，成为意义产生的资源，可表达不同社团所要求的意义，这就成了模态。所有模态具有表达意义的潜势。非社团成员不能全部懂得这些意义，因为模态和意义具有社会的和文化的特殊性。其次，作为言语的语言模态、作为书面语的语言模态及其他模态往往是交织在一起的，在信息传递语境下它们同时存在、同时操作。这种互动本身就产生意义。使用者经常对表达和信息传递的模态加以改变，以适应社会的信息传递需要，如此一来，已有的模态被改造，新模态被创造。

（三）认知学习理论

认知学习理论强调学习过程是人们获得知识、存储保持知识、整理改善并运用知识的过程，而知识的获得、保持和运用都离不开认知结构；学习在于内部认知的变化，是内发的、主动的和整体性的。学习行为的目的、意义等是控制学习的可变因素。认知学派的主要相关理论如下。

1. 皮亚杰的认知结构理论

近代最有名的儿童心理学家让·皮亚杰（J.Piaget）根据以他为代表的日内瓦学派对儿童心理发展的研究和其他学科有关认识论的研究提出了发生认识论，试图以认识的历史、社会根源以及认识所依据的概念和运算的心理起源为根据来解释认识，特别是解释科学认识。皮亚杰心理学的理论核心是发生认识论，主要研究人类的认识（认知、智力、思维、心理的发生和结构）。认为人类的知识不管多么高深、复杂，都可以追溯到人的童年时期，甚至可以追溯到胚胎时期。所以儿童出生以后，认识是怎样形成的，智力思维是怎样发展的，它是受哪些因素所制约的，它的内在结构是什么，各种不同水平的智力、思维结构是如何先后出现的等都值得研究。

美国心理学家布鲁纳（Jerome Seymour Bruner）提出：认知结构就是学习者头脑里的知识结构，它是学习者全部观念或某一知识领域内观念的内容和组织。[①]学习就是使新材料或新经验和旧的材料或经验结为一体，形成一个内部的知识结构，即认知结构，这个结构以图式、同化、顺应和平衡的形式表现出来并各自发挥着作用，如图2-1所示。

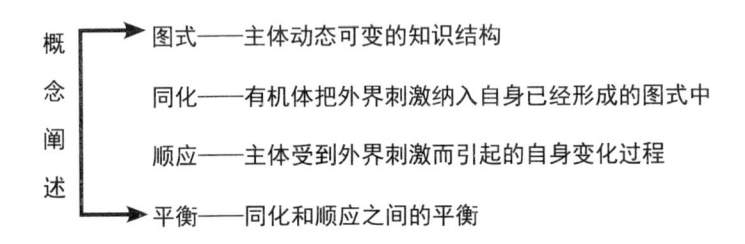

```
          ┌─ 图式——主体动态可变的知识结构
概  ─────┤
念        │  同化——有机体把外界刺激纳入自身已经形成的图式中
阐        │
述        │  顺应——主体受到外界刺激而引起的自身变化过程
          └─ 平衡——同化和顺应之间的平衡
```

图2-1 认知结构概念

认知结构理论揭示了"发生认识论"的基本内涵，认为成熟、经验、社会作用和平衡是影响人们认知发展的四个主要要素。该理论强调：知识来源于行动，认识发生于主客体之间的相互作用。学习不是被动地形成反应，而是主动地形成认知结构。认知理论重视认知结构及其与课堂教学的关系，重视对学生学习行为的研究。主张采用一定手段有意控制学习者的认知结构，提高认知结构的可利用性、稳定性、清晰性和可辨别程度。

2. 布鲁纳的认知发现说

布鲁纳的认知学习理论认为，学习是学习者主动形成认知结构的过程，强调对学科的基本结构的学习。他提倡发现学习法，提倡个体通过主动发现形成认知结构。布鲁纳的认知学习理论建立在对人类学习进行研究的基础之上，所谈认知是抽象思维水平上的认知，对培养现代化人才具有积极

[①] 布鲁纳. 教育过程[M]. 邵瑞珍, 译. 北京：文化教育出版社，1982：38.

意义。

3. 奥苏伯尔的认知同化论

奥苏伯尔（D.P.Ausubel）提出的课堂教学规律，既重视原有认知结构的作用，又强调学习材料本身的内在逻辑关系，认为"学习是认知结构的重组"，学习变化的实质在于新旧知识在学习者头脑中的相互作用，新的学习材料与学生原有的认知结构发生关系，进行同化和改组，在学习者头脑中产生新的意义。奥苏伯尔强调有意义学习的过程是新的意义被同化的过程，同化可以通过接受学习的方式进行。和发现学习一样，接受学习重视内在的学习动机与学习活动本身带来的内在强化作用，是有意义的学习，也是积极主动的过程。但不足之处在于它脱离社会实践来研究人的认识活动，把它归结为单纯的内部过程和意识系统，把人的认识活动归结为纯粹的认知行为。

在当代大学英语教学中，应坚持认知理论的原则，将英语这门语言的学习看作一种智力活动。在具体的教学实践过程中，该原则强调应充分发挥智力因素在教和学活动中所起的作用。认知学习理论把学习过程解释为每个人根据自己的态度、需要和兴趣并利用过去的知识与经验对当前工作的外界刺激做出主动的、有选择的信息加工过程。[①]认知过程会产生相应的结果，也就是认知产物。认知产物经过加工之后，能够在行为中很好地展现出来。就当代英语教学本身来看，认知原则着重强调在对语言规则充分、有效的理解的基础上来操练并使用英语。其中，教师的提示和指引就是认知过程最原始的出发点。在教师的帮助下，学生能够掌握并总结出一些规律，然后在此基础上逐渐学会主动地学。在当代英语教学实践中，贯彻认知原则应一方面要求充分重视对英语社会知识和文化的认知和理解；另外一方面，要求注重培养学习者的识别力、观察力及对源文化或英语文化的调查能力等。英语教学中所坚持的这一原则也是同瓦莱特对文化教学中的五种类型的总结和归纳相一致的，即掌握礼节、理解日常生活、文化意识、理解文化价值、对目标文化的分析。

认知主义学习理论揭示学习心理发展的内在机制和具体过程，找到了一

---

① 郭昱麟. 浅谈认知主义学习理论的研究及其应用[J]. 黑龙江科学，2015（09）：112-113.

条人的高级学习活动的途径，抓住了人的思维活动的本质，在一定程度上克服了行为主义的不足。认知主义学习理论认为学习是构建意义的行为。"构建意义"是指学习者在与外部环境互动时，构建自己所理解的意义。学习行为分三个过程：外部环境互动，获取信息；大脑处理外部环境互动获取的信息，构建意义；学习效果的外部行为表现，获取实践能力。信息获取方式包括：视觉、听觉、触摸、嗅觉、味觉、空间感和身体效仿。构建意义时，大脑通过视、听、触、嗅和味五个模态（感官）处理与外部互动信息。实践能力包括听、说、读、写、译、体态等能力。模态是可对比和对立的符号系统，媒体是符号分布印迹的物质手段，如产生语篇采用印刷的或手写的手段，说话时发出的声音，身体的动作，或计算机显示器上的光脉冲。

多模态外语教学在各种模态的协调合作下，有效地避免了英语课堂教学教师"一言堂"的传统教学模式。通过借助于多种教学方式和教学手段将学生的口、鼻、耳、身体等调动起来参与语言的学习。

（四）建构主义理论

随着心理学家对人类学习过程认知规律研究的不断深入以及多媒体计算机和网络教育应用的飞速发展，建构主义学习理论越来越多地出现在网络多媒体辅助教学的研究中，成为教学环境、教学互动、教学设计等的主要理论依据。

1. 建构主义核心观点

以皮亚杰为代表的建构主义认为：儿童在与周围环境相互作用的过程中，逐步建构起关于外部世界的知识，从而使自身认知结构得到发展；儿童与环境的相互作用涉及"同化"，学习者把外部环境中的信息归到自己原有的认知结构中去与其"顺应"，学习者调整自己原来的认知结构并建立或者重组新的认知结构以便适应外在环境。认知通过同化与顺应这两种形式来达到与周围环境的平衡。儿童的认知结构就是通过同化与顺应过程逐步建构起来的，并在"平衡—不平衡—新的平衡"的循环中得到不断的丰富、提高和发展。

维果斯基（Lev Vygotsky）提出的"文化历史发展理论"则强调认知过程中学习者所处社会文化历史背景的作用，揭示了人类心理发展的两个基本规律：其一，人所特有的心理机能只能产生于人们的协同活动和人与人的交往之中；其二，人所特有的新的心理过程结构最初必须在人的外部活动中形成，随后才能转化至内部，成为人的内部心理过程结构，即内化的过程。并据此提出了"最近发展区"的理论，丰富、完善了建构主义理论，为其实际应用于教学过程创造了条件。

2. 建构主义学习观

建构主义强调学习者在理解环境和赋予信息以特殊意义方面的积极作用，认为知识的获得是学习者与外部环境交互作用的结果，学习的实质是一个积极主动的构建过程，学生不是被动地接受外在的信息，而是根据先前认知结构主动地、有选择地知觉外在的过程。学习者获得知识的多少取决于其根据自身经验建构有关知识的意义的能力，"情境""协作""会话""意义建构"是学习环境中的四大要素。

学习者的学习不是简单被动地接受外部指导的过程，而是在合作式的学习中通过"同化"或"顺应"来建构认知，这种建构无法由他人代替。在学习共同体中，学习者以自己原有的知识经验为基础，对新信息重新认识和编码，构建组成个人解释的内部知识表征，并且不断地根据人们赋予其经验的意义进行调整。

3. 建构主义教学观

建构主义认为，学习者的知识来源于主客体的相互作用，学习者是信息加工的主体、是意义的主动建构者，教师是意义建构的帮助者、促进者。教学就是引导学生进行有意义的学习，引导学习者以原有的经验、心理结构和信念为主来建构知识，教学过程既要注重教师的主导作用，又不能忽视学生的自我认知主体作用，还要关注和强调学习的主动性、社会性和情境性。教学只有逐步减少外部控制，增加学生自我控制学习的过程，才能使学生成为独立的学习者。建构主义强调将信息和网络技术有效地融合于各学科教学过程，为"自主建构"学习提供一种理想的教学环境，从而实现支持自主探索、情境创设、多重交互、合作学习、资源共享等多方面要求的新型学习方式。

4. 建构主义知识观

知识不是客观存在的真理，它依赖于不同的个体认知。任何一种传载知识的符号系统都不是绝对真实的表征。带有不同经验的个人在与他人交往中,通过建构形成对自己有意义的信息。知识并不能绝对准确无误地概括世界的法则,提供对任何活动或问题解决都适用的方法。知识也不可能以实体的形式存在于个体之外。

5. 建构主义学习环境

在建构主义看来,理想的学习环境包括"情境""协作""会话""意义建构"四大要素。在教学设计中,创设有利于学习者建构意义的情境是最重要的环节。同时,师生之间、生生之间的协作也应贯穿于整个学习活动过程中。协作学习的过程就是会话的过程,在此过程中,每个学习者的想法都为整个学习群体所共享。意义建构是教学过程的最终目标,其建构的意义是指事物的性质、规律以及事物之间的内在联系。

通过对上述理论的梳理笔者发现,大多数建构主义学者有以下几点共识:第一,教学以学生为中心;第二,学习是学习者主动建构内部心理表征的过程,学习过程中要最大限度地发挥学习者的能动性;第三,学习过程同时包括两个建构,一是对原有知识的改组和重构,二是对新信息的意义的建构;第四,学习既是个别行为,又是社会性行为,学习需要交流与合作;第五,强调学习的情境性,重视学习过程对情境的创设;第六,强调资源对意义构建的重要性。

在教育技术领域,曾有过把行为主义和建构主义对立起来的观点,在设计和实施学习支持上经常互不相容。然而,新型的教学模式——网络背景下的多媒体教学模式已越来越多地将不同的学习理论整合在一起,说明人们在考虑教学的丰富性和多样性,在教学设计上更为全面和理性。

(五)人本主义理论

20世纪50年代兴起的人本主义强调态度、感情等非理性因素在教育中的作用,提倡教育过程中的沟通、理解、氛围以及学习者个体的自我实现。20世纪七八十年代教育界开始关注对学习者的研究,90年代以后,越来越多的学者积极投入到研究中,研究成果也丰富起来。例如,1999年由简·阿洪德(Jane Arnold)主编的《情感与外语学习》收集了18位学者的研究成果。这些论文皆以人本主义心理学和以人为本的教育思想为理论基础,对学习中的情感因素进行了深入而广泛的探讨。

人本主义心理学主张研究人的本质、特征、内在情感、责任、潜在智能、目的、爱好、兴趣等人所经历与体验的一切方面，并关注有益于人类进步的各种主题。人本主义教育的核心观点如下。第一，学校和教师必须把学生看作"人"，尊重学习者。相信学生的本性是好的，是积极向上的，并能最终达到"自我实现"。第二，学习者被视为学习活动的主体，教学和教育都应以学生为中心。尊重学生的个人经验，并创造一切条件和机会促进学生的学习和变化，从而使学生的学习更加深入，进度更快。第三，在学习过程中重视学习者的意愿、情感、需要和价值观，不应只把学习过程看作是学生获得知识、技能和发展智力的过程，还应该使学生注意探究自己的情感，学会正确阐明自己的价值观和态度，发展自己的潜能并争取达到最佳境界，使人格得到健全发展。

为了把学生教育成为能充分发挥作用的人，人本主义心理学家罗杰斯（James Beeland Rogers）主张，教育的目标应该是促进变化、改革和学习。而学习的关键是为有效地应对处于变迁中的科学世界而知道如何学习。变化是确立教育目标的根据，而对这种变化的适应取决于学习过程而不取决于静态的知识。所以，罗杰斯进而明确提出，培养的目标应该使学生成为学会如何学习的人、学会如何适应变化的人，从而成为能适应社会要求并"充分发挥作用"的人。

至于教学的着眼点，罗杰斯认为，根据当代世界加速变化的特点，按照他所主张的教育目标和培养目标的要求，教学工作的着眼点应该放在促进学习程度上、促进意义学习上、促进学生自我实现的学习动机上和促进人格的充分发展上。

根据上述原则，罗杰斯建议，在学生学习的过程中教学的基本目的是促使学习者在教师帮助下激发自己高层次的学习动机，充分发展学习者的潜能和积极向上的自我概念、价值观和态度体系，最终把他们培养成为人格充分的人。而要实现这样的教学与教育目的，教师还必须加强对学生的全面了解，深入理解学生的内心世界，设身处地为学生着想，洞察学习者的情感及其变化并信任他们能够充分发挥自己的潜能。教师要以真诚的态度对待学生，重视他们的情感和意见、看法和意愿。教师还要在学生与教师之间及学生与学生之间建立起良好的人际关系，创造一种情感融洽的学习情境。

（六）更多相关语言学理论

笔者还梳理了其他一些经常用来指导英语教学的理论。这些经典理论在不同的时期，不同的教育领域都得到了足够的重视和研究。多媒体形态下的外语教学可以佐证或赋予它们更多、更深刻的含义，能够更科学地阐释多模态话语分析理论下的大学英语教学和学习。

1. 克拉申（S.D.Krashen）的输入假设和情感过滤假说

克拉申[1]总结了人们获得语言知识的两种形式：学习（learning）和习得（acquisition）。学习是一个有意识的过程，学习者通过系统正规地学习语言规则和形式来获得语言知识，而习得属于下意识的过程，学习者关注语言传递的信息和表达的意义而非语言形式，因而可自然而然地学会一种语言。语言习得离不开可理解性语言的输入（comprehensible input），还受"情感过滤"的影响。表2-1对可理解性输入的内涵、理想的可理解输入的特点、影响输入的因素进行了总结。

表2-1　可理解性语言输入[2]

可理解性输入		
内涵	特点	影响因素
"可理解"输入是指语言的编码信息是能被理解的输入；不可理解的输入对于学习者而言是一种噪音	1. 输入是大量的、足够的 2. 输入难度应略高于学习者所处的语言层次和水平。若以"i"表示学习者现有语言水平，"+1"表示略高于学习者现有水平的语言层次，那么最佳的输入应具有"i+1"的特点 3. 输入是有趣的，与学生的生活密切相关的 4. 输入应按非语法程序安排，过多强调语言形式和结构的操练难以促成"习得"	这些因素对语言输入进行过滤，该过滤作用的大小直接影响着学习者接受语言输入的多与少。若学习者学习动机强、焦虑小、自信心强，那么情感对语言输入的过滤作用就小，学习者就能获得大量的语言输入，并内化为语言能力；反之，当学习者没有动机、缺少自信心，情感屏障就会增强，情感对于语言输入的过滤作用就增大，学习者在语言习得过程中获得的语言输入就越少

---

[1] KRASHEN S D. Second language acquisition and second language learning [M]. Oxford: Pergamon Instiute of English，1981.

[2] KRASHEN S D. Second language acquisition and second language learning [M]. Oxford: Pergamon Instiute of English，1981：39.

2. 斯温（M.Swain）的输出假设

斯温[①]针对克拉申"可理解性输入假设"的不足，提出了"可理解性输出假设"。该假设认为，虽然语言输入对语言习得很重要，但它不是语言习得的充分条件，学习者必须通过有意义的语言运用才能使自己的目的语达到准确流利的程度，因此，在有足够的语言输入的同时，还必须保证有足够的语言输出。

斯温[②]对可理解输出假设进行了更为明确的论述，认为可理解输出可以从三个方面促进二语习得，即它的三个功能，如表2-2所示。

表2-2　可理解输出的三种功能[③]

可理解输出的功能	内涵
注意/触发功能	语言输出活动促使学习者意识到自身语言表达存在的问题和不足，因此他们会有意识地关注语言输入中的相关信息，发现自身语言表达和目的语形式之间存在差异，从而触发第二语言学习过程中的认知加工过程，生成新的语言知识或者巩固原有的语言知识
假设验证功能	语言输出促使学习者检验自己在学习过程中形成的有关语言形式和语言结构的假设，通过不断地调整自己的语言输出，加强对语言的控制，从而达到语言运用的自动性
元语言反思功能	语言输出活动促使学习者运用已经掌握的知识反思自己的目的语用法，加深对语言的形式、功能和意义三者之间联系的理解，这种元语言活动能够促进学习者对语言知识的控制和内化

3. 隆（M. H. Long）的互动假设

隆[④]对克拉申"只要有足够的输入，输出就会自然出现"的观点提出了质疑，进而提出了二语习得中的互动假设。该假设的基本内容是：在交谈中，

---

① SWAIN M. Communicative competence: some roles of comprehensible input and comprehensible output in its development [A]// In S. Gass & C. Madden（eds.）. Input in Second Language Acquisition[C]. Rowley, Mass: Newbury House，1985.

② SWAIN M. Three functions of output in second language learning [A]. In G. Cook & B. Seidlhofer（eds.）. Principles & Practice in Applied Linguistics [C]. Oxford: OUP，1995.

③ SWAIN M. Three functions of output in second language learning [A]. In . Cook & B. Seidlhofer（eds.）. Principles & Practice in Applied Linguistics [C]. Oxford: OUP，1995.

④ LONG M H. Nonnative speaker conversation and the negotiation of comprehensible input [J]. Applied Linguistics, 1983（02）：126-141.

当沟通、理解发生困难时，交谈的双方必须依据对方理解与否的反馈，进行诸如重复、释义、改变语速等语言上的调整，即进行意义协商，调整的结果导致语言输入变得可以理解，从而促进习得。互动假设的核心是语言能力较强的说话人所做的语言互动结构调整，即意义协商基础上的形式协商，意义协商是形式协商的原动力，形式协商是意义协商的衍生体，二者"一体两翼"，共同推进二语习得的发展。图2-2展示了互动假设与二语习得的关系。

以信息交流为主的双向交际 → 交流出现障碍时提供反馈的机会 → 意义协商和交互调整（言语调整）→ 可理解性语言输入 → 促进二语习得

图2-2 互动假设与二语习得的关系

克拉申、斯温和隆从不同角度探究了二语或外语学习者习得语言的方式和条件，对二语习得理论的发展和完善做出了巨大贡献。三人的研究表明，不论是在自然环境还是课堂环境，学习者只有通过大量的可理解输入、输出和交互才能习得一门语言。对于我国大学生而言，课堂仍然是学习英语的主要场所，而学生能否取得较好的习得效果，除了自身的努力，还取决于教师的课堂教学质量。由于教师话语能影响甚至决定课堂教学的成败，所以一个能促进学生语言习得的课堂应该具有以下特点：教师能为学习者提供大量的可理解性的语言输入，学生也有充分运用目标语进行输出的机会；教师关注学生学习过程中的情感因素，努力营造一个轻松愉悦的英语学习环境；教师善于运用合理的反馈方式，对学习者输出的语言进行评价，让学习者意识到自身语言存在的问题，检验形成的关于语言形式和结构的假设，促进学习者对语言的控制和内化，提高学习者语言习得的效果；在交流出现问题时，教师善于采用有效的交互调整策略鼓励学生重新组织语言或提供更多信息，实现师生间的良好互动。

（七）"媒体是人体的延伸"理论

加拿大著名学者、传播学理论家麦克卢汉（M. McLuhan）在《理解媒介：

论人的延伸》一书中提出如下论点。①

1. 媒介即信息

人类社会思想、行为等的发展变化，取决于传播媒介的性质，而不是取决于传播的内容。这里的媒介，除指大众传播媒介外，还泛指一般工具或科学技术，如电报、火车、飞机、印刷术等。

2. 媒介是人体的延伸

媒介的第一位功能不在于传播信息，而在于人体某部分的延伸。每一项新的创造，都会引起人类生活或社会结构的变化。拼音字母的视觉分离性曾使原始社会解体，而电子媒体的出现则把人类紧密地联系在一起，使全世界变成一个"地球村"。

3. 传播媒介分类

分凉、热两类。"凉"类指"低清晰度"的延伸人体的传媒，如电视、漫画等，并不充满信息，受传者需要运用较多的想象力或进行补充，才能从符号跳到对实体的认知。"热"类指"高清晰度"的延伸人体的传媒，如报刊、广播、照片等，作用于人的某一感官，充满信息，受传者不需任何想象就可以实现从符号向现实的图景飞跃。所谓清晰度的高低，是指媒介所含信息量的多寡。

"媒体是人体的延伸"理论对媒体的本质进行了精辟的分析，给教育带来了诸多方面的影响。在教学过程中，教学媒介是学习者人体的延伸，扩大和提高了人的感觉和思维能力。比如，无线广播、麦克风等是对学习者听觉的延伸；图片、报刊、实物展示等是对学习者视觉的延伸；电影、视频及多媒体教学工具的使用是对学习者视听觉的延伸。新媒体时代，教师在教学过程中不再单一地用书本进行知识的教授和灌输，可借助各种教学媒介，如投影仪、多媒体、图片、影视短片、视频录像等，调动学生的各种感官协调运作，从而达到提高教学效率和学生学习兴趣的目的。

（八）施拉姆的媒体选择定律

施拉姆公式是被称为传播学之父的美国学者威尔伯·施拉姆（W. Schramm）以经济学"最省力原理"为基础提出的、计算受众选择传播媒介

---

① 马歇尔·麦克卢汉. 理解媒介：论人的延伸[M]. 何道宽，译. 北京：商务印书馆，2000.

的概率公式，用于表示某种媒介被受众选择的可能性大小：受众对某一媒介的选择概率与受众可能获得的收益与报偿成正比，与受众获得媒介服务的成本或者费力的程度成反比。①

"最省力原理"揭示了在人类行为中普遍存在的用最小付出获得最大收益的基本行为准则和选择媒体的最优决策的依据。

媒体的功效是指教学媒体在教学过程中为了达到预期的教学目标，所起作用的大小程度，也就是我们通常所说的媒体在教学中的使用目标。教师在具体的教学过程中要依据教学目标、教学内容、学习者的特点以及教学条件等选择教学媒体。付出的代价越小，可能得到的报酬越大，则媒体的预期选择概率也就越大。

（九）计算机辅助语言教学

计算机辅助语言教学（Computer Assisted Language Learning，以下简称CALL）是指把计算机作为教学媒体进行的教学或学习活动，开始于20世纪60年代，90年代渐渐进入多媒体和网络教学。

学界对CALL的理解是多视角、多层面的。目前得到学界广泛认可的是华沙（M.Warschauer）②的观点，他从语言教学理论和心理学发展的视角将CALL大致分为三个阶段：行为主义CALL（Behavioristic CALL）、交际主义CALL（Comunicative CALL）和综合CALL（Integrative CALL）。王琦则根据华沙的观点，结合学习理论的发展和相关技术对CALL进行了阶段划分。③

1. 行为主义学习理论及CALL技术

行为主义学习理论认为，学习是学习者对环境刺激所做出的行为反应，而要学生做出合乎需要的行为反应，必须通过强化训练形成刺激—反应之间的相依关系。受行为主义影响而形成的结构主义语言学习观认为，语言学习是一种习惯养成，语言发展被看作是一套行为的习得，重复与模仿是掌握语言的最佳途径。这一时期的设备主要以机械训练为主。因此，20世

---

① 转引自张亚斌. 远程教学中的媒体选择理论 [J]. 开放教育研究，2006（01）：54-58.
② WARSCHAUER M, Healey D. Computer and language learning: an overview [J]. Language teaching, 1998（31）：57-71.
③ 王琦. 信息技术环境下的外语教学研究 [M]. 北京：中国社会科学出版社，2006.

纪六七十年代出现的CALL软件以词汇训练、语法讲解及训练和句型训练为主,旨在使学生可以在计算机上学习语言形式,而且能够不断重复、强化学习内容,其中最具代表的是美国斯坦福大学开发设计的PLATO语言学习系统。在该类CALL中,计算机充当教师的角色,负责为学生提供语言学习材料,给出客观唯一的答案。

2. 认知学习理论及CALL技术

20世纪80年代,随着认知学习理论的兴起以及个人电脑的出现,CALL发生了较大变革。根据认知学习理论,学习不仅仅是对外界的刺激—反应,更是认知主体内部心理与外界刺激相互作用、主动做出的有选择的信息加工过程。受此观点影响,CALL技术也发生了较大的变革,由此形成的交际语言学习观认为,语言学习是有意义的交流过程,语言教学的根本目标是培养学生的交际能力。因此,这一时期出现的CALL软件向交际工具的方向发展,如定速阅读、课文重构、语法检查及交际情景视频等,鼓励学生创造性地运用语言而非操练已建成的句型。在这一阶段,计算机不仅充当教师的角色,还是教与学的辅助工具、刺激手段以及知识载体。学生可以在一定程度上与计算机进行交互,通过思考、选择和归纳等方法掌握语言使用规律,但是,交际性CALL总体上仍是单向式的知识传递和辅导,缺乏人人交互和真实的语言使用环境。

3. 社会学习理论及CALL技术

20世纪90年代,社会学习理论和网络多媒体技术使CALL走向了综合性阶段。社会学习理论认为,学习是个人的认知、行为与环境因素三者及其交互作用的结果。个体认知能力只是构成了学习的内部条件,如不能与他人进行磋商、调整和修正,就无法内化有关的知识。语言学习作为社会认知现象,必须将人的内在机制与外部环境有机融合,以避免费时、低效。因此,这一时期的CALL趋向于将各种技术,如电子邮件、论坛、即时通信软件、互动视频等和语言学习及听、说、读、写等技能训练整合起来,创设真实的语言环境,进行真实的语言交际。学生可以随时随地进入到计算机网络共同学习交流,自主选择学习内容和学习速度。学习以任务与内容为主,而教师则向CALL指导者和语言学习促进者的角色转变。CALL的发展演变既受当时主流学习理论影响,也与当时的计算机技术发展水平相一致，其对应关系如表 2-3 所示。

表2-3　CALL各发展阶段的理论基础与核心技术对照

发展阶段	行为主义 CALL	交际性 CALL	综合性 CALL
学习理论	行为主义学习理论	认知学习理论	社会学习理论
关键技术	大型机	个人电脑	网络多媒体

　　CALL 于 20 世纪 70 年代传入我国，很多学者对其进行过阐释和定义。如桂诗春认为 CALL 包括以下几个方面：使用计算机手段来帮助学生学习外语；以计算机为中心组织多媒体教学；使用计算机手段来组织测试、计算结果、分析试题、评估学生水平以及建立题库；使用计算机手段来进行应用语言学的研究；以计算机为中心组织整个外语教学的系统工程，使外语教学走向科学化道路。[①] 何高大认为，计算机辅助语言教学是指以计算机为主要媒体来帮助外语教师进行外语教学的活动。[②] 贾国栋认为，CALL 是通过对计算机、多媒体、网络等现代信息技术科学、理性、灵活的运用，创造语言学习环境，教授语言知识，训练语言技能，提高表达水平，培养交流策略，从而使学习者有效获得与世界沟通的语言能力。[③]

　　总之，计算机辅助语言教学发展的历史已经证明了电脑极大地方便了语言的教与学，正如华沙所陈述的电脑的三个作用：它可以是一个导师，提供语言操练和技能练习；可以是一个刺激因素，用于探讨与交流；可以是书写和研究的工具[④]。在 21 世纪，随着我国计算机技术的发展和互联网的普及，把计算机辅助教学应用到大学英语课堂已成为现代英语教学发展的趋势和必然。

（十）多媒体辅助的外语教学设计

　　信息时代使得各种外语教学和学习理论不断发展，被赋予了新的意义和功能。以多媒体、互联网、虚拟现实教学系统等技术为核心的信息技术，

---

① 桂诗春. 关于计算机辅助外语教学的若干问题——在全国计算机辅助语言教学专业委员会上的发言 [J]. 外语电化教学，1994（04）：3-5.

② 何高大. 现代语言学与多媒体辅助外语教学（五）[J]. 外语电化教学，2000（03）：57-63.

③ 贾国栋. 计算机辅助语言教学：理论与实践 [M]. 北京：高等教育出版社，2007.

④ WARSCHAUER M, Healey D. Computer and language learning: an overview [J]. Language teaching, 1998（31）：57-71.

为外语教学提供了有力的支撑。在这种背景下，外语教学变成了双向甚至是多向的动态过程，教师、学生和媒体有机地结合起来，输入、交互、发现学习、自主学习以及学习评价等原则在教学设计中得以整合、运用，学习效果得到了优化。可以说，多媒体技术的支持使外语教学呈现出开放式、多向性的传播态势。

1. 信息输入的多维化

对外语学习来说，输入是首要环节，而创造一个多维输入的环境是外语学习成功的有力保障。

如图2-3所示，借助输入媒体的教学，可以利用信息的多媒体化、集成化和情景化创设语言输入图文并茂的呈现方式，激活学生大脑对语言信息的综合反应，从而"引起相关联想，唤起长期记忆中有关知识经验和表象，使学习者利用自己原有的认知结构中的知识与经验去内化学到的新知识"[①]。多种学习模式的呈现使学习者很容易产生加入活动和学习的愿望，感受学习乐趣。信息技术创造的视听效果和丰富的表现力，使大量集中的外语学习不再枯燥。以上的学习方式既适合与传统教学方式相融合，又可用于网络自主学习。

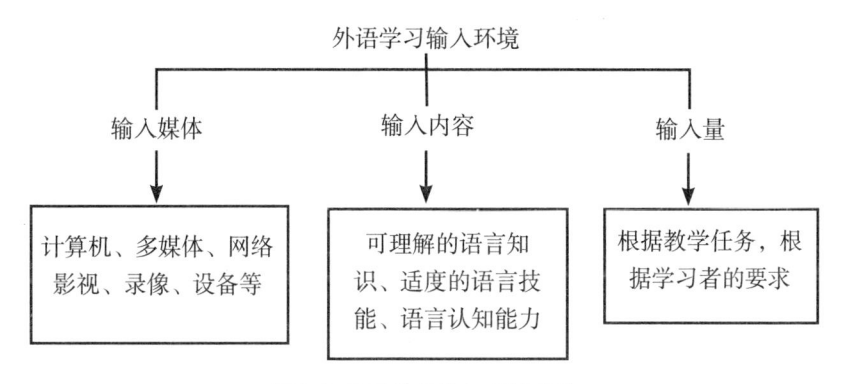

```
                    外语学习输入环境
          ┌──────────────┼──────────────┐
        输入媒体        输入内容         输入量
          ↓              ↓              ↓
  ┌──────────────┐ ┌──────────────┐ ┌──────────────┐
  │计算机、多媒体、│ │可理解的语言知│ │根据教学任务，│
  │网络影视、录像、│ │识、适度的语言│ │根据学习者的要│
  │设备等        │ │技能、语言认知│ │求            │
  │              │ │能力          │ │              │
  └──────────────┘ └──────────────┘ └──────────────┘
```

图2-3 外语学习输入环境设计

---

① 王琦. 信息技术环境下的外语教学研究 [M]. 北京：中国社会科学出版社，2006：15.

2. 以学生为中心的外语教学基本特征

亨奇（E.A.Henchey）等学者描述了 21 世纪以学生为中心的外语教学设计，主要观点见表 2-4。

表2-4 以学生为中心的外语教学基本特征

亨奇的观点[①]	其他学者的观点
1. 学生探索	1. 重视知识构建过程
2. 教学中的互动模式	2. 强调概念的关联性及提供多元化呈现形式
3. 真实语言学习空间的延伸和多元化的呈现方式	3. 与学生协商教学目标
4. 教师是引导者和帮助者	4. 把评价作为自我分析的工具
5. 多元化的学习群体	5. 反映真实世界的复杂性
6. 以过程评价为主	6. 要求学生完成真实语境中的学习任务
	7. 能进行基于语境（context）、项目（project）、内容（content）的知识构建
	8. 支持合作式学习
	9. 重视学习者的元认知和学习策略
	10. 创造能够挑战学习者原有知识的学习机会

3. 个别化的学习环境

网络在英语教学中的使用，使不同认知风格的个别化学习成为可能，也是未来外语学习的一大特点。

在个别化学习环境下，学习者根据自己的兴趣、语言水平和任务要求选择学习内容和学习方式。有研究表明，这样的学习可以降低学习者的焦虑。网络的非线性特点使学习者可以从自我需要的愿望出发，"随意"点击，"随心"学习。在个别化的学习中，教师提供个别化的指导，给不同需要的学生开出不同的学习菜单。这不仅有利于学习者情感活动的管理，而且师生间、生生间的讨论和协作能帮助学习者完成较高层次的意义建构。由于网络和多媒体课件可以将学习内容菜单化，学习者只要点击相关内容，就会出现大量的语言材料，供其按照自己的进度操练、练习，归纳出基本的语言规律。

---

① HENCHEY E A.Vision of learner in the 21st centry: vision statement [J].School Net Canada, 1996（04）:3-15.

二、多模态话语分析理论在大学英语教学中应用的现实依据

改革开放四十多年来,教育部面向全国多次发起包括基础英语与大学英语在内的多层面英语课程改革,如2018年6月由教育部、国家语言文字工作委员会发布实施的《中国英语能力等级量表》,通过三个阶段(基础、提高和熟练)、九个等级进行了全面、清晰、翔实的描述和评价,使我国高校非英语专业大学生的英语意识与英语思维有了一定的提高,社会总体外语水平有了大幅度提高。

改革开放以来,我国大学英语课程设置先后经历了五次调整,根据不同历史时期的政治、经济、文化等宏观背景,以及改革开放以来我国大学英语课程的自身特点与逻辑,笔者将其分为四个阶段:复苏调整期(1978—1984年),稳定发展期(1985—1993年),加速发展期(1994—2000年),多元发展期(2001年至今)。根据互联网与多媒体技术在我国的发展、普及情况,笔者选择了多元发展期(2001年至今)展开论述。

1. 2001年至今的宏观背景

进入21世纪以来,经济全球化使我国与世界各国交流合作更加密切,我国的国际地位不断提高。2001年加入世界贸易组织、2008年举办北京奥运会、2010年举办上海世博会……均表明我国的综合实力与国际地位不断提升。国家和社会的发展亟须专业素质过硬且英语素养较高的人才,尤其听说能力较强的高素质英语人才,在校大学生为了满足社会需求,学习英语的热情也日益高涨。

互联网与多媒体技术的快速发展为我国大学英语课程改革提供了客观前提和广阔视野,如慕课等线上英语学习方式的出现以及教学模式的多元化、评价方式的对接性变革等。我国大学英语教学进入了多元发展阶段。

2. 2001年至今的大学英语课程主要内容

2002年9月,教育部召开了探讨"大学英语课程教学改革基本思路"与"大学英语课程教学改革工程草案"的座谈会,所探讨研究的内容涉及多个方面,随后《关于启动大学英语教学改革部分项目的通知》正式印发,主要涉及教学方式,要求重点建立互联网与多媒体教学。

2003年2月,"大学英语教学基本要求"项目组成立,负责制定《大

学英语课程教学要求》。2004年1月，教育部印发《大学英语课程教学要求（试行）》（以下称"04要求"）。"04要求"在试行三年后，《大学英语课程教学要求》（以下称"07要求"）正式颁布实施。在大学英语教学改革成果的基础上和《国家中长期教育改革和发展规划纲要（2010—2020年）》《关于全面提高高等教育质量的若干意见》和《国务院办公厅关于深化高等学校创新创业教育改革的实施意见》等一系列要求提高教学质量、制定国家课程标准、培养创新人才的政策背景下，教育部高教司启动了《大学英语教学指南》（以下简称"2020指南"）的制定工作。

（1）课程标准

"04要求""07要求"将原来的基础阶段和提高阶段的教学要求划分为三个层次："一般要求""较高要求""更高要求"。"听"方面要求每分钟分别为130、150、180个词左右；"说"方面在"一般要求"基础上能"使用基本的交谈、会话策略"；"读"方面要求较强阅读能力，每分钟70个词，强调实用性，能"读懂工作、生活中常见的文本材料""可使用有效的阅读策略"。"写"方面的"一般要求""较高要求""更高要求"分别为半小时内能写不少于120、160、200个词的文章。[①]

"2020指南"继承并创新了"07要求"，首先在培养目标、价值理念上继承了"07要求"的"工具性"兼"人文性"，强调在着重提高学生听说读写等英语语言素养的同时也要培养"人文性"，对外国文化有所了解，培养跨文化交际能力。"2020指南"将原有目标更新为"基础目标""提高目标"和"发展目标"。除具体的听力能力提升外，在听力技巧上的要求分别为：基本、较好、恰当；在"说"方面，除具体的交流对话能力提升外，在会话技巧上的要求分别为：基本、较好、恰当；在阅读和写作方面，除具体的阅读与写作能力提升外，在阅读和写作技巧上的要求分别为：基本、较好、恰当。

"2020指南"将课程结构划分为三大类：通用英语课程、专门用途英语课程、跨文化交际课程，分别为必修课、限定选修课和任意选修课，为不同类型、层次、定位、办学水平的学校提供了合理安排校本大学英语课程、

---

① 教育部高等教育司. 大学英语课程教学要求[M]. 上海：上海外语教育出版社，2007.

发挥院校特色提供了政策支持。

"2020指南"对"07要求"的创新还体现在评价体系上，提出构建大学英语课程综合评价体系，力图建立一个各高校自主评价体系与第三方评价结合的综合评价体系。"2020指南"取消了"07要求"的附录部分，在某种程度上为高校制定自主特色的教学模式提供了可能。

（2）教材政策

2002年以后，国家未出台直接的大学英语教材相关政策，教材的编写和出版主要是依据"04要求""07要求"。21世纪以来，教育部提出要加快信息技术，整合多媒体。"07要求"中规定各高校推行计算机教学、互联网教学，要发展"立体化教材"，打造"整体解决方案"。[①] 为了进一步助推大学英语朝立体化迈进，教育部于2003年委托高等教育出版社出版了与教材配套使用的"大学英语"教学软件。

（3）考试政策

随着大学英语四、六级考试政策的不断发展，其通过率成为教育部检查高校大学英语教学质量的依据以及学校申报重点大学、"211"大学的可量化指标。由于外部环境的影响，大学英语四、六级开始出现大面积唯"通过"的应试现象。

在此情况下，2004年全国大学英语四、六级考试委员会颁布《大学英语四、六级考试口语考试大纲》，2005年教育部颁布了《全国大学英语四、六级考试改革方案（试行）》。以上文件在考试内容的比例上有所调动，注重英语听说以及输出能力，具体表现在听力部分由原来的20%增加到35%，试卷题型结构上由选择题向综合性应用题发展，增加了翻译题；同时记分体制由原来的100分改为710分，将以前的合格或不合格证书改为寄成绩单。2006年印发的《大学英语四、六级考试大纲（2006修订版）》对试卷结构进行了调整，加大综合应用题型，减少多项选择题型。调整后的四、六级考试分别于2007年1月、2007年6月正式实施。

2013年，大学英语四、六级考试委员会印发了《关于大学英语四、六级考试题型调整的说明》，对《大学英语四、六级考试大纲（2006修订版）》

---

① 教育部高等教育司. 大学英语课程教学要求[M]. 上海：上海外语教育出版社，2007.

的题型以及试卷结构做了调整,具体增加了单词及词组听写、长篇阅读、翻译等题型。其中单句汉译英改为段落汉译英,翻译内容涉及中国历史、政治、经济、文化等方面,四级翻译长度和六级翻译长度分别为140～160个汉字、180～200个汉字。

2018年6月1日,《中国英语能力等级量表》(以下称"量表")正式颁布实施,"量表"以语言的综合应用为导向,将学习者的英语水平从低到高划分为基础、提高和熟练三个阶段,同时设置九个等级。不同的等级分别对应小学、初中、高中、大学、专业英语和高端外语人才等不同的外语水平。

三、多模态话语分析理论在大学英语教学中的应用价值

将多模态话语分析理论应用于大学英语教学中有诸多好处。首先,创建了生动活泼的课堂氛围,快速吸引学生注意力,取得了良好的课堂教学效果;其次,为了满足不同英语基础学生的需求,教师可提供多元条件,使学生能结合自身需求学习;最后,建立了多模态化的生态课堂,从而使教师、学生、教学资料、教学媒介等各因素协同合作、相互补充。具体应用价值如下。

传统的英语教学就是教师掌握完全的课堂主动权,对学生讲授英语知识,学生在英语课堂上扮演被动的角色接受来自教师的英语知识。[1] 随着教育改革的不断深入,大学课堂模式已经发生改变,在多模态话语教学理论指导下,大学英语教师对自身教学方式不断改进,应用多媒体技术的现象也不断增加,通过视听方式呈现给学生,能够提高学生在英语课堂上的兴趣、集中注意力,使学生对英语知识有更深入的了解;能够改善传统英语课堂上的师生关系,转而变成合作关系,教师只是扮演引导者的角色,在未知领域和学生一起探讨,加强了教师对学生的管理,还提高了课堂上的效率,营造出新的教学氛围。[2]

---

[1] 谌艳. 大学英语教学中多模态话语理论效用分析及构建途径探究 [J]. 湖北开放职业学院学报, 2019, 32 (08): 185-186.

[2] 肖芳英. 多模态交互教学模式下大学英语跨文化交际能力的培养研究 [J]. 智库时代, 2019 (52): 214-215.

第二章 多模态话语分析理论在大学英语教学中应用的理论渊源

多模态话语教学理论改进了教师的在线英语课堂教学方式,有助于提升学生对英语信息的筛选能力以及处理能力。[①] 在线英语教学中最重要的就是师生互动——运用情境教学方式让学生进入到特定的情境中,或者播放相关视频增加师生的互动,能极大地提高学生的兴趣。在大学期间,学生要提升英语成绩,最重要的就是依靠学生的自主学习能力,而在自主学习过程中会遇到各种各样的问题,不一定都能够解决,因此这就对学生的自学能力以及信息处理能力提出了较高的要求。多模态话语教学虽然能够刺激学生的感官,但是对学生的相关能力培养还是需要教师来完成,教师的指引能够使学生自主参与到学习中,但是教师不能参与过多,只能扮演旁观者和指导者的角色。

多模态话语教学理论中的很多非语言因素对学生课堂上的积极性起到了重要的作用,但是这些非语言因素在在线英语课堂中的应用是需要教师对所讲授的内容进行完善与讲解的。教师针对教学目标以及教学内容配置相应的音频与视频等,在这一过程中还要注意关注背景及其内涵,避免出现达不到自身教育目标的情况。其中非语言因素主要包括图片、视频、音乐等,通过这些因素能够激发学生对在线英语课堂的兴趣,增加学生对英语知识的了解,加强学生对英语知识的记忆,从根本上改善传统英语教学的方式,最大程度发挥学生的主动性,真正使学生主动地参与到英语学习中。

高效的学习最重要的因素就是兴趣。在传统课堂上,教师属于管理者,学生受到的约束很多,相较于中小学生而言,大学生具有更大的自由,但长期的传统教学模式造成了学生被动接受的心态养成,英语学习兴趣低,参与意识不强。而多模态话语教学理论就是针对这种情况提出的解决措施,它能够在特定环境下提高学生的主动性,提升学生的兴趣。在各种感官刺激下,学生对未知事物的好奇心会促使他们对英语进行深入的探究,同时教师也可以改善课堂管理方式,增进师生互动和交流。

---

① 肖志华. 大学英语多模态课堂教学实践——评《大学英语多模态课堂教学研究》[J]. 高教探索,2017(02):131.

第三章 多模态话语分析视域下的大学英语教学现状分析

随着计算机网络技术走入大学英语课堂教学,大学英语的教学内容、教学环境、教学资源等各个教学要素已经朝着信息化、个性化和自主化的方向发展,大学英语教学改革也正朝着外语教育现代化方向推进,大学英语教学多模态化成为必然趋势。多模态具有聚集多种模态的共用特征的优势,它可以充分利用现代科技发展出来的所有新媒体来参与交际过程,进行即时传递,也可以使信息全方位地传递,多模态交际在大学英语教学中的应用,提高了教与学的系统性和整体性。然而值得注意的是,在多模态教学模式实施过程中出现的问题主要是在信息技术与课程整合过程中产生的不协调现象。比如,一些学校的大学英语教学对信息技术的应用只是摆摆样子,技术与课程的整合流于形式,形成了信息技术高投入与外语教学低成效之间的强烈反差。又如在大学英语在线学习模式发展进程中出现了一种现象:过于强调在线技术层面,忽略了英语作为语言的特质;英语语言和其他相关的意义资源未能进行有效整合,各种符号系统如图像、音乐、颜色等在在线学习模式中所产生的效果扩大化,语言系统在意义交换过程中的作用受到忽视;在线英语学习者对所学的英语知识、技能的解读趋于片面、表层,降低了在线英语学习的效果。因此,大学英语教师如何利用有限的课堂教学时间,提高自身的话语质量,让教学更富有吸引力,帮助学生有效地提高英语应用能力,这正是本书研究的旨归。

基于此,本章深入剖析多模态话语分析视域下的大学英语教学现状,探寻多模态话语分析视域下的大学英语教学存在的问题及成因,为完善大学英语教学模式的多模态转变,提高英语教师多模态话语质量,促进和提高其教学效果，提供解决问题的依据。

一、多模态话语分析视域下的大学英语教学现状

笔者以S省J大学的英语教学为例进行实证性研究，来分析大学英语多模态教学现状。

作为地方综合型大学，J大学相对于同类院校具有一定的代表性。学校设有26个学院，学科专业设置涵盖文学、理学、工学、医学、经济学、教育学、法学、历史学、管理学、农学、艺术学等11个学科门类，现有70个本科专业。学校每年招收本科生5000多人，其中一本生仅有60余人，二本生3000余人，三本生1300余人，音体美专业学生800余人。这些学生的英语基础差异较大，而且农村学生生源较多，他们的英语听说能力普遍较薄弱，计算机基本操作能力也较差。公共外语教研部负责全校的非英语专业大学英语教学工作，现有从事大学英语教学工作的在编教师63人，其中教授5人、副教授21人、讲师34人、助教3人。但是由于历史原因，教师的学历水平较低，还有部分教师是本科学历。J大学的大学英语教学随着国家、省、校教育教学改革的不断深化，从教学观念、教学内容、教学手段到教学模式都进行了革新，改革模式对教师和学生都提出了更高的要求。按照改革要求，公共外语教研部根据办学条件在部分学院实施了基于计算机课堂的大学英语教学模式的改革。2009年以来，大学英语课堂教学全部在多媒体教室、语音实验室或自主学习中心进行。学校重视网络化大学英语教学，为了给学生提供自主学习的良好学习环境，在办学资金紧缺的情况下投入资金建立了"大学英语四、六级网考中心""大学英语自主学习中心"，在开放的网络平台安装了ITEST测试系统软件，让学生可以进行大学英语测试与训练，并通过《新视野大学英语》网络辅助自主学习平台进行自主学习。与此同时，英语教师积极利用学校的局域网、精品课程网开展网络课程教学。

一线教师是改革模式的主要实施者，而管理人员不仅是一线教师，还是政策的制定者、改革模式实施的指挥员以及师生的管理者。语音室管理人员在改革模式实施进程中担负着教师、技术人员、监督员以及卫生管理员等多重角色，责任重大。学生是改革模式实施的主要受益者。此次实证

调查的对象是J大学公共外语部的部分英语教师,以及来自三个不同学院、不同专业的学生。按照自愿参加的原则,本调查共选定30名教师和5名教学管理人员(包括部主任、教研室主任、语音室管理人员以及教务处管理人员)。

笔者分别从J大学临床医学院、机械工程学院、经济管理学院中选出大学二年级学生各60名作为调查对象,共计180人。为保证信度,被试男女比例适度,86名男生,94名女生。他们的年龄范围在19至22岁之间,平均年龄为20岁。选择大二学生作为研究对象是因为大二学生至少已有一年网络环境下的英语教学实践,以及借助计算机、网络学习的经验,并且摆脱了大一入学时对教改模式的茫然和不适感,在一定程度上保证了本研究的真实性和有效性。同时三个学院包含了医学、经管以及机械三个不同门类的学生,相对于同类学生具有一定的代表性。笔者共发放教师问卷30份(管理人员以及教务处人员不包含在内),针对学生共发放问卷180份,收回有效问卷为180份,回收率为100%。

(一)对变量的界定

网络信息技术与外语教学整合后,计算机网络已成为外语教学中不可或缺的组成部分。网络环境给传统的大学英语课堂教学带来了诸多变化,也必然在学生、教师以及课堂教学环境方面产生一些嬗变和失调因素。因此,本研究从以下三个方面来设定变量。

1. 学生学习观念

学习观念即学习者在学习过程中的切身体验以及受他人的影响而形成的对于英语学习的看法,包括自我管理观念以及语言学习观念。在本研究中,笔者主要探讨学生的语言学习观念。学生在进行语言学习的过程中常常会把语言学习观念带进课堂之中,学生的学习观念在整个学习过程中起着至关重要的作用。问卷就学生的学习观念主要从以下几个方面进行设问:学生对语言学习的观点、对网络环境在大学英语教学中所起的作用以及学生对教师角色的观念和对自我角色的解读。了解网络环境下大学生的语言学习观点,有助于多模态教学朝着健康、有序的方向发展。同时,学生对于语言学习观念的正确把握与教师良好的教学理念是密不可分的。

2. 教学理念

在大学英语教学改革的大背景下,要想深入地了解教师对改革的态度,首先要调查的是教师的教学理念。在大学英语教学改革的进程中,改革能否成功实施,课堂教学质量能否达到预期的效果与教师的教学理念息息相关。在计算机网络整合到外语课程中之际,各大高校教师不断积累教改模式下大学英语教学的试行经验,教师的角色已从传统的教学者转变成了学生的引导者、协助者,因此,教师必须转变其对教学结构的认识。教师现存的教学理念须不可避免地加以转化、更新,以支持教改模式的顺利实施和更好地发挥作用。

3. 师生信息素养

信息素养是一个含义广泛且不断发展的综合性概念,它不仅包括运用当代信息技术获取、识别、加工、传递和创造信息的基本技能,更重要的是有着在当代信息技术所创造的新环境中,独立学习的能力及创新意识、批判精神及社会责任感和参与意识。所以说,信息素养对于师生终身学习目标的实现发挥着举足轻重的作用。

事实上,对于外语教师来讲,他们更需要的是加强信息与教学能力相结合的素养。比如:教师要学会如何从浩瀚的"网海"中选择对教学有用的资源,并且要学会重组选好的资源;教师要学会充分利用网络平台灵活展现教学内容;教师要学会设计好虚拟化的外语学习环境;教师要学会设计、组织以及评价学生任务。本章主要从以下几个方面来调查教师的信息素养:教师的信息意识、教师的信息能力以及教师的信息知识。

随着互联网时代的到来,对于学生而言,网络技术是其重要的认知工具以及学习平台,学生应该首先掌握多媒体以及网络技术,培养自己收集以及处理信息的能力。学生不但需要具有驾轻就熟地进入网站浏览相关网页以及下载相关资源的能力,还需具有在浩瀚的"网海"里甄选有用信息的能力,只有这样,才是真正有效的学习者。本章主要对学生的信息素养意识以及互联网使用情况方面展开调查。

4. 网络环境下学生的自主学习

整体上来看,自主学习指的是学习者以相应的学习目标为基础,持有积极的学习观念、态度,并且拥有自我行动的能力,能够独立处理学习上的相关问题。学习者可以根据自身的特点来制定相应的学习计划，挑选适合自己的学习方式，监控自己的学习过程。此外，同学之间的交流、合作精神和团体意识也是自主学习理论的重要内容。学界把自主学习分为六种类型，其中一种就是超越时空限制的自主学习——多媒体网络环境下的自主学习（包括对完全性和非完全性自主学习的区分）。这里谈的就是一种在自主学习中教师隐性指导下的非完全性自主学习，学生在一定的情境，即模拟的社会文化背景下，借助教师和同学的帮助，利用包括课本、音像资料，多媒体课件或因特网在内的学习资源，与个人内在的态度、兴趣、需要、爱好及原有的认知结构和知识经验相互作用，通过意义建构而掌握英语知识和技巧。网络环境下学生的自主学习受到许多因素影响，其中关键的因素有：学习者的自主学习动机、自主学习态度、自主学习策略以及教师对自主学习的监控。本章中，笔者主要从这四个方面来探讨多模态话语分析视域下学习者自主学习的现状。

5. 教师教学方法和教学模式

教学方法是教学中的重要组成部分，它伴随着人类教学活动的开始而产生并不断发展。大学英语教学改革引进了新技术，新的网络环境下大学英语课堂多模态教学也逐渐进入课堂，信息技术的确给教学方法以及教学模式带来了重大的变革，图3-1反映了信息环境下教学模式的巨大变化。

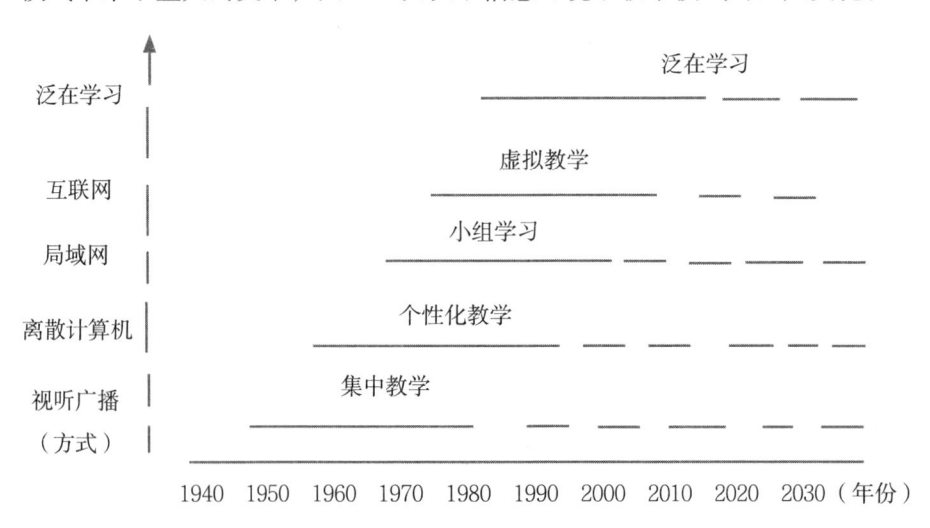

图3-1 教学模式的变化

随着新技术引入大学英语课堂，教师本身除了需要对新技术进行消化以及理解外，还需教会学生利用新技术学习英语。众所周知，教师的重要性不会因为教改模式的改变而弱化。研究表明，新模式中教师角色的转变、教学方法的更新与教改的成败息息相关。教师的教学方法可以反映出教师在课堂上是采用以教师为中心还是以学习者为中心以及技术应用情况。传统的教学法是以教师为中心，这是基于行为主义学习理论以及结构主义理论。传统教学法涉及的课堂活动包括讲授法、句型练习法、快速回应法、教师引导下的讨论法以及基于事实的情景对话法等。计算机网络等信息技术整合到外语教学，使得教学理论基础转变成为建构主义、人本主义学习理论。教学的目的也变成为学习者提供良好的学习环境，使其在与同伴学习、交互的过程中建构知识，实现自主学习以及合作学习。这种以学习者为中心的课堂教学方法包括小组合作法、问题中心法、辩论法、反思写作法等。同时，利用信息技术的优势在大学英语课堂实施"情景假设""协作学习""主动探究""会话商谈""意义建构""任务型教学""交互式教学""探究式教学""案例教学"等现代教学方法也成为了可能，这些新型教学法的理论基础正是建构主义学习理论的核心内容。教改模式在信息技术、网络环境的支持下，与传统的课堂教学有许多不同，如采用PPT、CD、DVD、短视频等进行多媒体教学、线上教学等。作为课堂教学的主角——教师，如果不及时更新观念、转变角色，还用老一套教学方法来组织现代化课堂教学，必然会导致不协调因素的产生，从而影响教改模式的有效实施。同时，大学英语教师要更新观念，掌握信息化教学方法，除了自身充电以外，教师培训也是重要的途径。

6. 网络化大学英语教学环境

教学环境是指师生在教与学过程中教学活动赖以持续的情况和条件的总和，其中"条件"既包括物质条件，也包括非物质条件。高校信息化教学环境是一种智慧教学环境，它的出现源于知识经济时代对教育的整体要求。它是在当今网格技术、人工智能技术、虚拟现实技术等的支撑下，按照整体教育论和建构主义的以学习者为中心的原则建设起来的，是多模态教学的物质保障。信息化教学环境拥有智能性学习导航、丰富的教育资源、体验性教学情景、科学性教学指导，学生能在协作、探究、反思的基础上建构认知、完善人格、掌握技能。它是一个面向终身教育的自主性、个性化学习空间，其构成要素主要有两个方面：硬件环境和软件环境。硬件环境包括基础设施（图书馆、多媒体教室、智能教室等）、装备配置（如桌椅、计算机、智能平台设备等）；软件环境包括教学平台软件、教学资源、教学目标、课程设置和教学评价机制、教学服务等（包括提供专业的教学服务，教师和学生随时随地可以获得教与学的服务等等）。高校网络教学环境是以硬件为基础、软件为核心的体系。从目前大学英语教学改革的情况来看，英语教学是否成功，在很大程度上取决于教学软件。下面笔者对网络化大学英语教学环境各要素（教学硬件环境、教学资源（含网络教学平台）、教学目标、课程设置、评价体系）逐一进行界定。

硬件环境：大学英语课堂教学硬件环境包括图书馆、多媒体教室、智能教室等基础设施以及桌椅、计算机、智能平台设备等装备配置。本书中，笔者为了论述方便，把有关硬件设施教学过程中的相关服务情况也放到了硬件环境建设中（包括设备故障维修、自主学习中心管理人员服务等）。硬件环境是课堂教学的物质保证，大学英语课堂教学硬件建设的好坏直接影响改革模式的顺利实施，但是有关课堂环境硬件建设的情况除了需要教师的积极参与外，还要依靠校方的政策、理念和资金的支持。

教学资源（含网络教学平台）：大学英语课堂教学资源广义上包含数字化和非数字化资源两类，数字化资源有多媒体课件、CD 音频以及 VCD、DVD 和全部网络资源（互联网资源与局域网资源）；非数字化资源包括教材等纸质资源以及磁带等其他线性存储介质保存的资源。网络学习资源最为明显的特征便是学习资源的网络化与开放性，校园网或局域网资源具有针对性强和能够满足学生个性化需求的特点。网络环境下的教学资源作为大学英语课堂教学的基本因素，在大学英语课堂教学中发挥着不可或缺的作用，是保障课堂教学的重要条件，同时丰富多彩的教学资源是网络环境下课堂教学的重要内容。

网络自主学习平台其实是教学资源的一种形式，是为外语学习者专门设计的智能化学习软件。网络环境下外语自主学习平台的建设是构建外语学习环境的重要基础，学生可以通过网络自主学习平台，随时享受优质的教学资源，平台为学生学习外语提供了广阔的网络学习空间和良好的虚拟语言环境，是实现学习资源网络在线共享的重要渠道。常见的大学英语网络自主学习平台包括新视野大学英语教学系统、新体验大学英语学习平台、新理念大学英语学习平台等，主要是依托于大学英语教材，由各家出版社开发研制的教学软件系统。平台功能一般包括：①在线课堂（听说、读写课程全部涵盖）；②自主学习系统（包括写作训练、快速阅读、语音训练等）；③测试系统（包括生成试题、在线测试、自动评分、测试记录等）；④学习记录（对学习者自主学习进行过程管理与形成性评价，包括上网记录、过程记录、练习记录、成绩分析、成绩排名、在线评分/评语等内容。）；⑤教学管理（包括约课管理、教学日程管理、学习进程控制、布置/批改在线作业、在线答疑、发布通知、上传教学/学习资料、查看学生在线情况、管理班级成员等功能。）；⑥资源中心（包括学习资源和教学资源）；⑦互动交流（包括论坛、教师社区、电子邮件、班级讨论等）；⑧用户帮助（包括学校管理员使用手册、教师使用手册和学生使用手册等）。

教学目标：教学目标强调的是在整个教学活动中，一切教学活动所遵从的原则以及教学活动实施的具体方向。教学目标有三个层次，首先是课时目标，其次是单元目标，最后为课程目标。教学目标的设立其实是一个复杂的过程。大学英语的教学目标应该以学生以及社会的实际需求为根本点，进而设计出满足实际需要的课程目标，最终促进学生终身学习这一教学目标的实现。

课程设置：作为教学体系中的一个重要环节，课程设置是实现培养目标的关键。大学英语课程设置在历经数次发展之后，它的内涵从只注重培养学生的语言技能转变成培养语言技能与专业知识并重。目前，各高校都结合本校自身条件以及办学特色，在不同程度上对其课程设置进行了调整。一般情况是把大学英语课程归为"读写课"以及"视听课"来进行大班授课以及小班点拨。还有部分院校尝试分层教学，把英语通识课以及专业课程统一起来，使课程设置更具专业化水准。现阶段，由于各大院校的特殊性，大学英语课程设置逐渐趋向于多样化，但是其合理性与科学性还有待商榷。

教学评价体系：多媒体网络环境下的大学英语多模态教学评价体系也是本章中关于软环境方面研究的重要变量之一，对师生的教学进行科学评价是大学英语教学改革中迫切需要解决的问题。

教学评价有终结性评价和形成性评价两种。形成性评价主要强调的是考查学生的学习进程，它通过多种方式来综合评定学生，为学生提供一次全面了解自我的机会，在此过程中，学生可以通过自我反思取得进步。而终结性评价与形成性评价相对应，意指教学活动结束后所进行的评价，是对最终结果进行评定的过程。现如今，各高校的大学英语教学评价还是以终结性评价为主，以考试成绩作为检验学生掌握所学知识程度的标准。虽然这种评价方式有其优势，但是其带来的负面效果不容忽视：对于学生而言，他们过度看重分数，导致了其学习动机以及目的的偏移；对于教师而言，这种评价体系将会阻碍他们在大学英语教改中前进的步伐。网络环境下大学英语课堂的教学特点更倾向于形成性评价以及学生自评、同伴互评等评价体系的支撑，因此，笔者认为网络环境下的大学英语多模态教学评价是课堂教学优化研究的一个重要变量。

（二）网络环境下大学英语课堂多模态教学现状实证调查分析

1. 网络环境下多模态教学有关学生方面的现状分析

笔者将从自主学习观念、自主学习状况、信息素养的角度来分析学生在网络环境下大学英语学习的现状。

（1）学生自主学习观念现状分析

学生的语言学习观念和网络环境下学生自主学习效果息息相关，因为它深刻影响着其对学习过程的计划、监控以及评价。笔者从语言学习本质以及自我效能感两方面对J大学学生的语言学习观念进行了调查。调查问卷中设置了"完全同意""基本同意""不清楚""基本不同意"和"完全不同意"五个选项。笔者把三个院系的学生情况合并进行归类统计，其中"完全同意"与"基本同意"归为"赞同"类，反之亦然。

调查结果表明，对于语言学习本质方面的认识，多数学生认为掌握语法规则在学习英语过程中意义重大；67.78%的学生认为学习者学习英语所使用的方法各有千秋，这对于其自主性以及个性化的培养不无优势；70.0%的学生认为学习英语耗时耗力，这表明大部分学生还没有掌握有效的学习方法；70.0%的学生承认在英语学习过程中犯错误是再正常不过的事情，这说明学生对英语学习中出现的错误能够积极接受。关于语言学习自我效能感的调查表明，多数学生对自身英语学习能力持消极态度，调查中所涉及的3个问题中，68.89%的学生认为自身英语学习能力一般，只有31.11%的学生认为自身具有良好的英语学习能力，38.33%的学生认为自己擅于用英语进行写作。以上调查结果说明，学生的语言学习观念还比较传统，虽然对自主学习有所理解，但是还没有掌握有效的学习方法，自我效能感较差。

笔者接下来从学习观念角度就网络环境对大学英语教学所起的作用进行调查，调查结果表明：大部分学生认为计算机以及网络在大学英语教学中的确扮演着积极的角色。临床医学院（临床医学）专业中88.3%的学生，机械工程学院（农机制造）专业中96.7%的学生以及经济管理学院（会计）专业中85.0%的学生认为，网络环境下的大学英语教学可以激发学习者学习英语的兴趣。三个院系中有将近半数的学生认为网络环境下的大学英语教学可以提高学习者的学习效率。临床医学院（临床医学）专业中98.3%的学生，机械工程学院（农机制造）专业中91.7%的学生以及经济管理学院（会计）专业中80.0%的学生认为，网络环境下的大学英语教学可以满足学习者不同的学习风格需求。从以上统计数据可以获知，在学生心目中，网络环境在大学英语教学中始终扮演着积极的促进角色，但是并不认为网络环境可以帮助其树立信心以及帮助教师进行有效的教学活动。

学生对教师角色的观念。临床医学院（临床医学）专业中86.7%的学生，机械工程学院（农机制造）专业中93.3%的学生以及经济管理学院（会计）专业中91.7%的学生认为教师应当是学习的动机激发者；临床医学院（临床医学）专业中96.7%的学生，机械工程学院（农机制造）专业中85.0%的学生以及经济管理学院（会计）专业中81.7%的学生认为教师应当是学习的方向引导者；三个院系中有超过半数的学生认为教师应当是学习的促进者。对于教师角色的观念，学生选择最多的就是学习的动机激发者、方向引导者以及促进者，这说明学生在自主学习过程中需要教师的引导、激发和促进。

学生就网络环境下学习者角色方面的回答表明，大部分学生把自我角色定位为自主学习者以及主动的意义建构者，而只有一小部分学生，包括临床医学院（临床医学）专业中20.0%的学生，机械工程学院（农机制造）专业中15.0%的学生以及经济管理学院（会计）专业中18.3%的学生，把自我角色定位为被动的知识接受者。临床医学院（临床医学）专业中36.7%的学生，机械工程学院（农机制造）专业中31.7%的学生以及经济管理学院（会计）专业中26.7%的学生认为，在英语学习过程中学习者之间应当是合作关系。临床医学院（临床医学）专业中58.3%的学生，机械工程学院（农机制造）专业中65.0%的学生以及经济管理学院（会计）专业中70.0%的学生认为，学习者应当是信息采集者和处理者。上述数据表明，学生基本上具有把自己定位为自主学习者的意识，但还没有对合作学习给予足够的重视。

（2）学生自主学习状况现状分析

①学生自主学习动机方面的调查分析

关于学习动机，问卷调查显示，三个院系中有52%的学生学习英语的主要目的是"为了将来找到一份好的工作"，31%的学生认为学习英语是"为了通过大学英语四、六级考试以及研究生入学考试"，10%的学生选择了"因为英语是必修课而不得不学"，而只有7%的学生觉得学习英语是因为"我对英语学习非常感兴趣"，由此可见，目前J大学学生学习英语的动机仍然以工具型居多。换句话说，学生的内在动力还没有趋于主导地位，受外部环境的影响较大。

②学生对自主学习的态度方面的调查分析

三个院系中对网络环境下自主学习"非常喜欢"的学生占36.8%，"感觉还可以"的学生占56.2%，"不喜欢"的学生占7%。可见，学生对网络环境下大学英语自主学习的教学模式比较认可。

③学生利用网络环境进行自主学习所应用的学习策略调查分析

本部分问卷以自主学习理论为依据，并且基于网络环境下的大学英语自主学习特点，参照牛津大学的学习策略量表而设计。关于元认知策略方面的问题，笔者共设计了九道，关于认知策略方面的问题共设计了四道，剩下的五道是关于社会情感策略方面的问题。

从调查结果来看，J大学非英语专业学生对元认知策略的使用情况不够理想。58.9%（106人）的学生在自主学习环境下没有自己的学习计划（Q1）；58.3%（105人）的学生在进行上机自主学习时，大部分时间没有具体的学习目标（Q2）；43.9%的学生回答"在上机自主学习时，能自觉地排除不相关的网页及周围环境的干扰（Q3）"；57.2%（103人）的学生在自主学习时不知道应该使用哪些学习方法（Q4）；67.2%（121人）的学生表明除了完成教师要求的任务以外，通常不制订自我学习计划（Q5）；67.2%（121人）的学生表示他们基本上不能根据自己的学习情况来相应地调节自主学习计划（Q6）；61.1%（110人）的学生能通过校园网查询自己需要的英语学习资源（Q7）；64.4%（116人）的学生表示他们基本上不能合理地安排自主学习内容（Q8）；52.2%（94人）的学生基本上能够客观地评价在其自主学习过程中取得的进步并找出不足的地方（Q9）。综上所述，大部分学生在网络环境下进行自主学习时，尚不能较好地使用元认知策略，只有少数学生善于取长补短、知难而进，具有良好的自觉性，在自主学习过程中取得进步并具有找出不足的能力。

教师在教学过程中常常会要求学生制订学习计划，但是多数学生表示他们在制订学习计划时缺少必要的指导。56.7%（102人）的学生表明在利用校园网进行自主学习时，不会经常学习英语（Q10）；60.6%（109人）的学生表明在收看或者是收听英语方面的节目时，愿意模仿说话人的语音、语调（Q11）；57.8%（104人）的学生表示不经常利用校园网的自主学习系统做一些相关的练习题（Q12）；25.0%（45人）的学生指出会常常利用校园网的自主学习资源来检索相关的英语学习知识（Q13）。从上述数据可以得知，学生除了愿意模仿说话人的语音、语调之外，绝大多数学生在自主学习的过程中还不能恰如其分地使用元认知策略。

64.4%（116人）的学生表示不能经常与任课教师和同学就自主学习交流相关的经验和体会（Q14）；67.2%（121人）的学生表示在自主学习遇到困难时不会向任课教师以及周围同学寻求帮助（Q15）；11.7%（21人）的学生表达了他们在出现厌学征兆时，能及时矫正自己的学习态度去主动学习（Q16）；67.2%（121人）的学生觉得自己的语音语调不好，不敢说英语（Q17）；65.0%（117人）的学生认为自己在说英语之前总是犹豫，在头脑中将要说的句子重复多遍才敢说出（Q18）。以上调查表明，学生目前在英语学习上出现一定的焦虑现象，还需加强与任课教师及同学的沟通。

④网络环境下学生自主学习过程中教师外部监控情况的调查分析

笔者就J大学学生对网络环境下自主学习过程中教师外部监控的意见

展开调查，调查结果不容乐观。

第一，学生对自主学习监控缺乏正确的认识。

虽然绝大部分学生知道网络环境下的大学英语自主学习应该得到学校各方的干预，但是仍然有很多学生认为自主学习是自己的事情，教师不应该给予太多的干预，其中有65%（完全适合52.8%+通常适合12.2%）的学生认为教师不应该给予太多的干预。以上数据表明，学生对于网络环境下自主学习的监控缺乏正确的认识，这将会对监控的结果产生一定的影响。

第二，监控时间不到位。

从问卷调查结果可知，有10.0%（18人）的学生表明教师无须花费时间对其自主学习进行监控；有18.3%（33人）的学生表明教师对其自主学习监控的时间每周应该在一小时之内（以周为单位，下同）；56.7%（102人）的学生认为教师对其监控的时间应该控制在两到四小时比较合理；11.7%（21人）的学生觉得教师对其监控的时间应在四到六小时之间；有6（3.3%）名学生认为教师的监控时间应在六小时到八小时。但是事实上，据笔者调查统计，有18人表明教师每周对其监控的时间为零小时，有61人（33.9%）表明教师实际上每周对其监控的时间在一小时之内，有99人（55.0%）表示教师每周对其监控的时间在两到四小时，监控时间在四小时到六小时之间的有2人（1.11%），没有教师对学生的监控时间在六小时到八小时。

（3）学生信息素养问题调查分析

在信息化社会中，信息素养对于学生终身学习目标的实现发挥着举足轻重的作用。笔者针对J大学非英语专业学生就"网络技术与J大学学生的学习生活相关度"进行了调查。调查结果显示，大多数学生意识到网络技术与其学习生活密切相关。57.2%的学生持完全肯定的态度；39.5%的学生表示基本同意；而只有3.3%的学生表示不确定自己的态度，没有学生持否定意见。

就互联网使用情况的调查显示：13.6%的学生每天基本上都会使用互联网；40.3%的学生表示经常使用互联网；38.7%的学生表示有时会使用互联网；7.4%的学生表示偶尔会使用互联网；没有学生表示从不使用互联网。

就学生是否有效利用互联网资源的调查表明：79.2%的学生表示会利用互联网搜索与英语相关的学习资源；69.8%的学生表示会在互联网上搜

索自己感兴趣的信息；100%的学生会用电子邮件；78.6%的学生表示会利用网络资源进行网上聊天以及与娱乐等相关活动。这表明，学生具备互联网信息搜索能力，但是自控能力较差。

就学生是否会利用网络资源查询与英语学习相关的信息，并且能对其进行准确辨别、处理方面的调查表明：非常同意的学生占12.9%，基本同意的占32.4%，而不确定、基本不同意以及不同意的百分比分别为：26.3%、20.8%以及7.6%，这说明有54.7%的学生还没有最大限度地利用互联网资源从而达到提高英语学习水平的目标。

就学生是否会完全借用网络查找到与专业知识相关的英文原版文献，5.4%的学生认为应当完全借用，76.8%的学生认为应当辩证地学习，10.6%的学生表示可能会大致浏览一番，7.2%的学生声称不会读这些文献。这说明,学生有辩证批判与专业相关的网络信息的理念，具备了基本的信息素养。但是学生在"网络自主学习中心"学习时经常出现网络迷航和沉迷于网络不良信息或网络游戏的现象，甄别优秀资源和管理的能力较差，导致自主学习效果不佳。

2. 网络环境下多模态教学有关教师方面的现状分析

下面笔者将从J大学教师的教学理念、课堂教学方法、PPT课堂教学现状、信息素养、师资培训等方面对教师教学现状进行分析。

（1）教师教学理念问题调查分析

笔者主要从如下两个方面来调查J大学英语教师的教学理念：①英语教师在网络环境下的教学理念；②英语教师在实际教学中的教学理念。

网络环境下的教师教学理念主要从如下几个方面进行分析：网络环境下教师的语言理念、学习理念、学习者理念、教师角色和作用、师生关系理念、课堂教学理念等。

笔者通过问卷调查发现，网络环境下教师的语言理念中认为"语言是一种交流工具"的占大多数（66.67%）；同时在学习理念里选择"学习是对现实的解读""学习是变化的过程"的教师也占大多数（分别为23.33%，33.33%）。这说明教师对认知理论、建构主义理论等语言教学基础理论有所掌握，教师在上述教学理论的指导下，已经转变了传统的教学思想（从教师问卷中认为学习就是记忆的只占6.67%可以看出）。

教师已经不再把学生当成"容器"和可以捏出任意形状的"橡皮泥";大多数教师认为教师角色是语言的规范者和语言的交流者(30.0%, 56.67%);教师的作用是以培养学生的英语综合能力为主(60.0%);师生关系以合作关系、双向关系为主(26.67%, 56.67%)。然而调查数据显示,J大学教师的教学行为与理念相反,即在教学理念上,学生被当成客户(26.67%);教师的角色主要是语言解读者(53.33%);教师的作用主要是传授知识(40.0%);师生关系是以教学关系为主(50.0%);教师的课堂理念是以学生为中心(80.0%),教学理念上选择最多的是引进西方语言教学模式(43.33%)。但实际教学情况却是以教师为中心或以课程为中心(46.67%, 36.67%),教学以技能型为主(33.33%)。调查数据表明,J大学教师对学习者、教师角色的理念是与时俱进的,而落实到行动上又免不了回到传统的框架里,在课堂上各自为政,先进的教学理念在课堂上没有有效实施。

(2)教师课堂教学方法调查分析

调查表明,教师在课堂上经常使用如下教学方法:讲授法、句型练习法、情景对话法、快速回应法以及教师指导下的课堂讨论法,它们的平均值分别为4.07、2.11、2.03、1.91、2.98(按教师选择的次数进行统计)。而以学习者为中心的反思写作法、日志对话法、实地考察法、学生自主讨论法、问题中心法却不常被教师在课堂上使用,它们的平均值分别是1.04、0.30、0.40、1.23、1.37(按教师选择的次数进行统计)。

通过访谈得知,大多数教师表明在课堂教学中的确还沿用墨守成规的以教师为中心的教学方法,尽管J大学的英语教师在基于计算机课堂的大学英语教学改革进程中尝试了几种新的网络环境下的大学英语课堂教学模式,比如"问题中心法"(简称PBL模式:PBL是在建构主义学习理论指导下,把学习置于复杂的、有意义的问题情境中,然后通过学习者的合作学习来解决问题,从而掌握语言知识),但是大部分教师表示PBL教学模式使他们对课堂的进度难以控制,而且对英语基础差的学生不太适用,教师对学生的学习效果也难以评价。因此他们还是习惯于在课堂上对学生的学习进行完全操控,而不是提供给他们更多的机会让其去建构意义。所以说,目前J大学的英语教学存在着教改模式与教师的教学方法不相匹配的现象。

（3）教师PPT课堂教学现状调查分析

目前，高校教师在课堂教学中广泛使用PPT，将其作为一种直观的教学手段，有些高校还把是否在课堂上使用PPT作为评价教师教学的标准。笔者就PPT课堂教学现状对J大学教师展开了调查（问卷、课堂观察），以便了解J大学英语教师的课堂教学现状，并更好地促进PPT在大学英语教学中的应用。

当问及会如何选择教学模态，以便用PPT向学生展示教学内容和有用信息时，100%的教师表明会经常使用文本；92.6%的教师表示会经常注意字体以及排版方面的问题；72.3%的教师会经常在PPT中插入一些图片；而20.6%的教师表示有时会在制作PPT时加入动画、视频以及音频链接；81.8%的教师表示首先会在网上寻找制作课件的资源，其次才会选择在课本中查找。在随后的访谈中，笔者发现，绝大多数大学英语教师上课使用的课件是出版社配套的课件，并原封不动地拿到课堂上，只是由于课堂教学时间有限进行了内容的选择性讲解。

当笔者对教师使用PPT课件的频率进行调查时，93.7%的教师回答每节课或者在绝大部分课堂都会使用课件来进行教学，这说明教师在心理上已经开始依赖利用PPT课件进行课堂教学。

当回答"如果遇到停电、投影仪等设备出现故障或者忘记携带移动硬盘等突发事件时，您的感受如何"时，23.3%（7人）的教师回答"很难受，严重影响了正常上课的进程"；63.3%（19人）的教师表示"感觉不自在，觉得上课比较吃力"；10.0%（3人）的教师表达了"感到不太方便，教学进程受到影响"的感受；3.3%（1人）的教师表示"可以正常上课，不受任何影响"。以上统计数据表明，PPT课件在大学英语课堂教学中发挥着重要作用，但是不可忽视的问题是教师对PPT课件表现出过度的依赖。

为进一步了解教师在课堂上使用PPT课件的真实情况，笔者对J大学公共外语部的多名教师进行了课堂观察，以获得第一手资料，对目前J大学英语教师使用PPT课件进行教学的情况有一个大致、全面的把握。表3-1和表3-2是笔者整理出的两则较为典型的课堂观察记录。

从两则课堂观察记录中可以看出，J大学的大学英语PPT面授课堂教学模式与传统教学模式相比只是多了计算机、PPT课件以及光盘，教师还是原封不动地照搬传统教学方式，只不过是基于计算机环境下以教师为中心的教学方式。在第一例课堂观察中，教师只是自顾自地讲授该堂课的教学任务，进度过快，呈现的知识量远远超过学生所能承受的底线，学生只好走马观花地看完整个PPT课件的放映，从而导致学习效率低下，最终使学生对英语学习缺乏兴趣。另外，教师只是按照PPT课件上的内容照本宣科地陈述知识点的话，其思维能力也会受到抑制，师生之间就不可能进行思想上的碰撞，两者都会失去思考的空间。在第二例课堂观察中，教师把需要学生回答的问题以PPT的形式演示出来，学生边看屏幕边听则显得手忙脚乱，不利于集中注意力去听录音材料，PPT课件展示占据了课堂的大部分时间，使学生没有足够的时间进行口语交流，从而阻碍了学生语言能力的全面发展。可以说，这两则课堂观察是目前J大学比较典型的大学英语PPT面授课堂教学现状。

观察重点：大学英语教师在课堂上使用PPT课件情况。

表3-1 观察记录1

教师	女性；硕士；6年教学经验
学生	一年级学生（约75人）
地点	J大学多媒体教室
课程	读写教学
教材	《新视野大学英语：读写教程》第四册；主编郑树棠；外语教学与研究出版社
内容	Unit 1 Section A "The Tail of Fame" 对本单元课文的语言要点、文化进行演示、分析、讲解
教学手段	PPT展示
过程	教师在开始的时候用PPT课件来进行课堂导入，启发学生进行独立思考。之后，教师继续借助PPT课件开始对课文进行细致入微的分析与讲解（但是由于该位教师制作的PPT页数偏多，学生不能完全跟得上，时常是走马观花地看完整个PPT课件）。该位教师讲解细致入微，时常结合考试内容进行举一反三。讲授完毕之后，让学生随着录音默读课文，之后对课文中的重点与难点进行启发式提问与讲解。最后，教师为学生布置了课后练习作业
总结	利用了PPT这种新型的教学手段，但主要侧重于演示与讲解，PPT上内容过多，教师播放速度过快，主要是以教师讲解、学生倾听为主

表3-2　观察记录2

教师	女性；硕士；5年教学经验
学生	一年级学生（约64人）
地点	J大学语音实验室
课程	视听说教学
教材	《新视野大学英语视听说教程》第二版第四册；总主编郑树棠；主编王大伟；外语教学与研究出版社
内容	Unit 1 "Enjoy your feelings!" 听力理解，口语练习
教学手段	PPT展示，光盘辅助学习
教学过程	教师先以"What makes you happy？"为主题启发学生去思考并且回答，接着教师总结，并进入本节课内容。教师把需要学生回答的问题以PPT的形式演示出来，然后教师借助光盘播放录音，学生边看PPT上的内容，边听录音材料（教室灯光有些昏暗，学生边看屏幕边听，显得手忙脚乱），教师再逐句地播放录音，学生一句句地重复（有些学生积极性不高，不愿意参与到课堂学习中来）。教师接着边讲解边核对答案。随后，教师把录音原文以PPT的形式呈现给学生，再次播放录音，学生边看原文边听录音，教师的讲解有些刻板。之后，教师带着学生进行speaking out部分的学习，先让学生看PPT上的口语例子，然后让四组学生进行模仿，但是只有一组学生模仿的比较到位
总结	利用了计算机辅助视听说教学，但主要是PPT的演示与录音的播放，师生互动以及生生互动的不够到位

（4）教师信息素养问题调查分析

笔者从以下三方面调查了J大学英语教师的信息素养，即教师的信息意识、教师的信息能力以及教师的信息知识。

就教师的信息意识方面，笔者设计问题如下："您在大学英语教学过程中是否常常选择计算机以及网络来辅助英语教学"，86.2%的教师给予了肯定的答案。当被问及"能否意识到信息技术对英语教师的重要意义"时，68.4%的教师认为完全能够意识到信息技术对英语教师的重要意义；31.2%的教师基本上能够意识到其重要意义。当被问及"在准备教学科研资料时，会想到从互联网上查找资料吗？"时，92.8%的教师给予了肯定回答。当被问及"是否常常参加计算机以及网络方面的培训"时，只有26.6%的教师承认常常会参加此方面的培训。

笔者就网络环境下英语教师应该具有哪些信息素养和能力进行了调查，

问卷调查结果发现，教师选择最多的前五项是：从互联网中迅速查找教学资源的能力、将计算机以及互联网灵活地应用到大学英语教学中的能力；熟悉网络环境下的教学策略以及教学方法的能力；培养学生自主学习的能力以及满足学生不断变化的学习需求以及指导他们如何学习的能力。

笔者就教师的信息知识掌握程度方面展开问卷调查，当被问及"您所掌握计算机操作系统方面知识的程度"时，36.7%（11人）的教师表示完全掌握此方面的知识；43.3%（13人）的教师认为能够非常熟练地操作文字、图像处理软件；30.0%（10人）的教师表示能非常熟练地制作视频、音频的剪辑合成。

从以上统计数字可以推断出，J大学的英语教师已经具有一定的信息素养，并把网络环境下的教学能力当成教改模式中极其重要的组成部分，但对于自身信息能力的评价还不够满意，这表明其还希望在加强信息能力方面做出努力。

（5）教师培训情况调查分析

笔者就教师培训问题进行了问卷调查和深度访谈。调查中有46.7%（14人）的教师表示曾经接受过计算机以及网络教学方面的培训，并且在随后的访谈中表示培训对其提高大学英语教学水平大有裨益，他们希望学校能经常为其提供此方面的培训。当问及需要得到哪些方面的培训时，有24（80.0%）名教师表示，希望能得到计算机以及网络在外语教学中应用方法的培训；15（50.0%）名教师表示，希望在常用软件方面接受培训。然而，由于大多数教师都具备使用计算机以及网络的基本知识，因此仅有少数教师希望参加计算机以及网络应用方面的培训。

笔者就希望学校给予的支持和保障方面展开了调查。调查结果表明，教师更希望获得全面发展的机会。从如下调查结果中可以看出：有23（76%）名教师表示，希望学校能就如何把计算机及网络更有效地应用到大学英语课堂教学方面接受培训；25（83.3%）名教师认为，学校应该鼓励教师进行相互合作来开发网络教学资源；27（90.0%）名教师表示，希望学校能对其参加外语教学学术会议以及研讨会等进行经费资助。

以上调查说明大学英语教师关于教改模式方面的培训缺失，并且期盼进行把计算机及网络更有效地应用到大学英语课堂教学方面的培训。

3. 大学英语课堂教学环境方面的调查分析

（1）硬件环境调查分析

笔者通过实地考察发现：J大学为保证教育教学改革的顺利实施，在办学经费紧缺的情况下，投资建立了"大学英语四、六级网考中心""大学英语自主学习中心"，在开放的网络平台安装了iTEST软件，让学生可以进行大学英语测试与训练，并通过《新视野大学英语》网络辅助自主学习平台进行自主学习。学校在原有的多媒体教室基础上，为公共外语部新建了15个多媒体教室，使大学英语课堂教学全部实现多媒体化。大学英语教师积极利用学校的局域网、精品课程网、自主学习平台开展教学活动，并通过E-mail、QQ等现代信息技术手段开展师生互动教学，取得了良好的教学效果。同时，相关问卷调查中：36.7%的学生表示对J大学校园网建设非常满意，96.1%的学生表示非常喜欢J大学利用校园广播定期播放英语方面的节目；98.9%的学生表示对于J大学开通Wi-Fi无线上网学习英语的方式非常喜欢，这说明学校的硬件环境建设初见成效。

在实地考察和深度访谈中，笔者也发现了一些影响教改模式顺利实施的硬件环境问题，比如：语言实验室、图书馆自主学习中心的桌椅摆放设置不利于学生合作学习，多媒体教室光线昏暗不利于师生健康；相关共享机房在实际教学中很难实现真正共享；图书馆电子自主学习室开放要向学生收取费用，自主学习中心缺乏良好的教学服务体系；学校网络教学硬件不足，对于全校两万多学生而言，学校计算机数量以及相关设施远远不足，学校机考中心和自主学习中心的计算机太少，学生自主学习时经常找不到座位，使得教改模式只能在部分学院进行；当师生同时在线人数达到一定的极限时，校园网会出现网速越来越慢的情况；校园网经常会突然断开，有时甚至会发生不能再次连接网络的问题；自主学习中心的计算机和教学平台出现故障时，没有良好的维修服务。公共外语部的实验人员也表示自己不是很了解英语教学知识，平时主要是懂技术的英语教师配合其进行管理，但是如果这些英语教师一旦有课不能参加管理，自己就感到无所适从。以上硬件建设和相关服务方面出现的各种问题严重阻碍了基于网络环境下的大学英语教改模式的有效实施。

(2)软件环境调查分析

笔者从问卷角度对大学英语课堂教学软件环境的教学评价体系情况进行了具体的数据分析。通过卷宗查阅，笔者发现J大学的教学评价体系已经按照改革模式设置，形成性评估与终结性评估相结合、学生自评与教师评价相结合，设置基本合理，但是在问卷里学生的相关回答和相关文件的描述有很多相互矛盾之处。关于教学资源及课程设置部分，由于笔者基本是通过实地考察和卷宗查阅形式的调查报告来进行综合分析和讨论，所以接下来将其与教学环境存在的问题及原因一并进行阐述。

笔者对学生学习的评价者方面进行问卷调查发现：有26（86.7%）名教师认为任课教师是学生的主要评价者，只有小部分教师认为学生、同伴以及教学管理人员也参与了学生学习的评价过程。

现阶段大多数教师认为，对学生的学习评价主要是从语言知识的掌握、语言知识的运用以及学生的学习态度等方面进行。仅有少数教师认为，应从学生的学习策略、自主学习能力、合作学习能力等方面进行评价。调查结果显示，72.7%（25名）的教师认为，目前J大学的教学评价仍然以终结性评价为主，56.7%（17名）的教师认为，现阶段J大学还是以定量评估为主导。对于目前的评价体系是否能准确、客观地反映出学生英语学习的能力问题，绝大多数教师对目前教学评价体系的客观性均持消极态度。调查还发现：绝大多数教师认为学生以及同伴应该参与到学习评估中来，有10（33.3%）名教师认为高校教学管理人员应该参与到对学生学习评估的过程中来，仅有少数教师认为，专家应该参与到对学生的学业评估过程中来。

就学生英语学习应采取哪些方式进行评价的调查可知，多数教师认为测验以及课堂观察应该是重要的评价方式。有23（76.7%）名教师认为测试应该是首选的评价办法，15（50.0%）名教师认为面谈应该作为一种评价方式，13（43.3%）名教师认为应以档案袋的方式对学生英语学习进行评价。

笔者接下来对J大学教务管理人员进行访谈，得知学校针对不同层次的学生缺乏一整套科学的教学评价体系。比如，J大学在对三本学生进行教学改革的过程中遇到了尴尬，出现了三本学生（70%形成性评估）的英语期末及格率高达90%，二本学生（40%形成性评估）的及格率才达到80%的怪现象，这说明教师目前对形成性评估的把握还不明确。笔者在卷宗查阅时发现，J大学制定了符合教改模式的评价方案，比如三本学生形成性评估高达70%，二本学生形成性评估仅为40%的规定，但是方案中没有对形成性评估成绩如何详细分配和具体实施的说明。

二、多模态话语分析视域下的大学英语教学存在的问题及成因

（一）网络环境下大学英语多模态教学学生方面的问题及原因

1. 网络环境下学生自主学习观念不完善

通过对网络环境下学生学习观念的调查，笔者认为J大学学生的语言学习观念还比较传统，虽然对自主学习有所理解，认为网络环境在大学英语教学中扮演着积极的促进角色，但是还没有掌握有效的自主学习方法，自我效能感较差，缺乏自信。学生即使理解了教改模式中师生角色转变的重要性，但对教师的指导仍有强烈期待，依赖性较强。学生缺少学习英语的主观能动性，不具备相关策略知识，而且在制订学习计划、设定学习目标以及如何进行自我监控、管理以及评价等方面的能力以及意识较弱。学生对合作学习没有给予足够的重视，缺乏合作的观念。总之，学生的自主学习观还有待完善。网络环境下，学生学习观念的转变需要一个适应过程，教师可以帮助他们转变学习态度、调节学习动机，并加强对学生自主观、合作观的培养，从而提高自主学习效果。

2. 学生缺乏良好的信息素养

上述调查表明，大部分学生具备了基本的信息素养，能够熟练运用信息技术进行网络环境下的自主学习，但是辨别及选择网络信息资源的能力还有待提高，存在对网络不良信息抵抗能力不强，自控能力较差等问题。有一部分学生自主学习热情不高，在自主学习中心迷恋网络游戏，进行毫无意义的聊天对话。在网络环境下，随着计算机与网络信息技术的发展，学生能够从小就接触互联网，利用网络进行信息检索，所以具备了一定的信息能力，但是互联网作为一个开放的学习环境，网络资源良莠不齐，对学生来说具有明显的诱惑力，他们往往缺乏筛选和辨别信息的能力，因此，学生无法最大限度地利用互联网资源来提高自身的英语水平。上述分析提

示，教师应当及时对学生的网络自主学习加以引导，帮助学生提高检索和筛选网络信息资源的能力，去粗取精，去伪存真，帮助学生建立网络环境下良好的自主学习策略。

3. 网络环境下学生自主学习效果不佳

调查表明，网络环境下学生自主学习的动机、策略、外部监控都存在一定的问题，并且发现学生在网络环境下自主学习时存在焦虑情绪。

（1）网络环境下学生自主学习动机偏差

调查表明，网络环境下，J大学学生的英语学习动机往往是受外部动机驱使（考试压力、社会需求、教师要求、求职等），这其实是一种心理上的压力。在自主学习中心进行学习时，大多数学生首先关注的是考试能否通过、有没有重点，而对资源的丰富与否并不太在意，全国大学英语四、六级考试对他们来讲是头等大事，因为当这些学生走出校门时，用人单位首先关注的是学生的英语四、六级证书。J大学购买并安装了外研社的iTEST大学英语测试系统，平台上拥有上万道四、六级习题以及考研、雅思等丰富多彩的试题库。大部分没有过级的学生，只要进入自主学习平台，首先要做的就是进入系统进行测试，根本谈不上确立自己的学习目标。因此，由于上述种种原因，学生的外部学习动机一时难以改变，这种受外部驱动的学习动机也远离了教改模式的初衷，长此以往，我们就无法培养出应用型创新人才，这是大学英语教学要求与社会现实之间的矛盾。为此，教师首先要做的是培养学生学习英语的兴趣，教师可以适当调整自己的教学方式，引入学生感兴趣的教学内容，这样便可活跃课堂氛围，使学生形成良好的语言学习动机，并且将这种动机转化成具体的学习行为。

（2）网络环境下学生自主学习元认知策略缺失

调查表明，J大学的大部分学生在网络环境下进行自主学习时，尚不能较好地使用元认知策略。学生在教改模式下，面对灵活的教学内容、浩瀚的"网海"感到迷惘，甚至无所适从。他们制订的学习计划较为粗糙，不会对自己的学习进程进行有效管理，习惯被动地接受知识，常年形成的学习习惯远不能适应基于网络环境的个性化学习与个人发展要求，自我控制能力薄弱，自主学习策略欠缺。比如对单元学习的要求、目的依旧糊涂，"对自己负责"的意识不强，不会合理安排时间，对学习过程、学习效果不在意，不会对自我学习结果进行客观、准确的评价等等,结果导致自主学习效率低下。总之,绝大多数学生不具备自主学习所必备的独立学习风格和积极的学习态度。这部分学生基本上属于英语基础较弱的群体,他们在个性化自主学习方面普遍缺乏恒心和毅力。

大学生长期生活在学校,没有工作经历以及社会经验,对自己的专业特点、社会需求了解甚少,和成人相比,大学生的学习目标明确性不强、学习稳定性较弱,对学习内容的选择模糊。多数学生由于长期处于传统的教学环境中,传统教学观念根深蒂固,对教师的指导依赖性很强,缺少主动承担学习责任的意识。因此,在J大学这样的地方高校中,对非英语专业学生开展科学、高效的语言学习策略培训非常重要,尤其要进行元认知策略的培训,使他们转变学习观念,能够正确运用语言学习策略进行有效自主学习,从而成为成功的语言学习者。

(3)网络环境下学生自主学习时出现情感焦虑现象

20世纪80年代,有学者把语言焦虑定义为"由外语学习的独特性所产生的与课堂语言学习有关的自我知觉、信念、感觉和行为的独特心理"[1]。而网络环境下大学英语学习中学生产生的情感焦虑又增加了新的内涵,焦虑来源附加了由于技术、环境以及学习方式手段的特殊性导致的情感波动。面对大量的信息资源,很多学生感到无所适从,加之对自身缺乏认识,不能采取适当的学习策略,自我效能感差,时常有挫折感,导致学习动力降低,学习效果不好。课堂上计算机代替了教师的讲授,人机对话取代了人人对话,学生的思维受到了严重的压抑。教学过程是十分复杂细腻的过程,是学生构建知识的过程,更是师生情感交流的过程。学生是学习的主体,而计算机是没有生命和情感的物体,所以谈不上与学生进行情感的交流。长时间的师生分离,缺乏师生面对面的交流,也属于一种人文环境的缺失。没有教师的肢体语言和声音的鼓励,教师的人格魅力起不到作用。由于体会不到教师的情感激励,学生的学习观念、动机、兴趣受到严重影响。教改模式的人机交互、人人交互能力开发不完善,也就是信息的分享功能不作为,

---

[1] HORWIZE E K, HORWIZE M B, COPE J. Foreign language classroom anxiety [J]. The Modern Language Journal, 1986, 70 (02): 125-132.

使学生掌握不好各种网络学习工具的使用方法，在信息搜索时屡屡受挫。网络技术不熟练带来焦虑情绪的同时，最让学生感觉头疼的是缺乏对网上资料处理应用的能力。总之，网络学习产生的情感焦虑严重影响了学生自主学习效果。

　　国外许多学者研究了语言学习情感焦虑和策略的关系：高焦虑的学生在学习技巧的掌控上比低焦虑的学生差，而且学习能力也相对较低。[①] 其他一些学者也证明学习焦虑与学习策略的使用频率呈负相关。国内学者熊苏春通过实证研究证明：网络环境下学生学习策略缺失导致学生产生语言焦虑现象。[②] 所以，深入研究网络环境下大学生语言学习策略的应用与培训是解决学生学习焦虑的重要途径。

　　4. 网络环境下学生自主学习的教师外部监控缺失

　　调查表明，大学英语自主学习中心的教师外部监控严重缺失。首先，教师外部监控时间严重不足。其次，教师主要是通过英语网络教学平台所提供的教学管理模块来监控学生的网上自主学习记录，而记录内容只包含上网时间、作业提交以及测试情况，不能对学生自主学习的态度、动机、策略和情感因素等进行实质性监控，从而无法真正掌控学生自主学习的真实状态。笔者认为，这种现象产生的表层原因可能与相关硬件的缺乏有关，但究其深层次原因应该有以下几点。

　　首先，中国的大学英语教师普遍教学任务繁重，科研压力也很大。J大学的大学英语教师和学生的师生比是 1∶199，每位教师平均承担四个班级的大学英语教学任务，周学时达到 16 学时。而且，随着评职和同级评聘的要求越来越高，教师的科研工作量也越来越大，加之班级学生人数过多，教师课外几乎没有时间和精力对自己的学生逐一进行个性化辅导和监控。

　　其次，师生对网络环境下学生自主学习的外部监控缺乏正确的认识。有些教师认识不清自己在自主学习课堂上应扮演的角色，他们把自主学习理解为自由学习，给学生充分的自主，从而失去了教师的主导作用，结果

[①] BENJAMIN M, MCKEACHIE W J, et al. Test anxiety: Deficis in information processing [J]. Journal of Educational Psychology, 1981, 73（06）：816-824.

[②] 熊苏春. 基于网络环境的大学生语言学习焦虑与学习策略使用之关系研究 [J]. 外语电化教学，2012（06）：66-71.

师被电脑固定在讲台上时,她/他更多关注的是课件而不是学生。学生知识掌握情况的反馈被弱化,师生之间在课堂上应有的情感交流变成了师生与计算机的信息交互,这在一定程度上影响了学生回答问题的积极性和主动性。②PPT课堂信息量过大,违反了克拉申的语言输入假释规则。为了完成讲授任务,教师在课件的帮助下讲课节奏可以非常快,在一节课里为学生提供了超过其接受能力的大量知识。信息无法被学生消化、吸收,只能导致整体系统知识的残缺不全,更无法进行差异教学,容易挫伤学生主动学习的积极性。③教师的教学基本功得不到提升,教学水平的发挥和提高也会受到影响。在这样的PPT课堂中,教师失去了自由发挥的机会,简单的陈述和介绍降低了教学深度。在传统的课堂上,每位教师由于自身思维的活跃程度不同,再根据周围环境的不同,讲课时传统的教案设计只是一个框架,教师根据自己的灵感迸出的和临时出现的一个好的想法很可能会改变原来讲课的思路,并沿着一种更好的思路讲下去。但使用多媒体教学后,教师的这种灵活性就受到了限制,教师的板书、语言表达、临场应变能力都会逐渐退化。教师思想的火花无法点燃,削弱了他们的教学激情。大学英语PPT课堂上的软件基本是事先设计好的,上课时有的教师只是根据教学内容的需要来操作键盘或鼠标,进行课文的讲解,而例句和练习也都存储在课件里,留给教师发挥的空间极小。所以一些教师在备课时认为课件上都有现成的资料,只是草草地浏览一下课件,放松了对自己的要求,不利于自身的提高。④学生的主体性被降低。学生对制作好的课件的权威性没有怀疑,再加上没有思考和消化的时间,课上只能被动地学习"绝对正确"的PPT上的知识,学生的思考能力受到很大影响,他们有时是速记员,有时又变成观光客,甚至有的教师把课件变成了考试资料发给学生,让他们死记硬背,自主学习、合作学习、思维能力培养、创造能力培养在这样的课堂中根本无法实施。⑤影响身心健康。教师常年近距离操作电子设备,学生一直在光线暗淡的多媒体教室学习,双方的视力甚至身体健康都会受到影响,学生还会养成不爱动手的习惯。

  PPT依赖症的主要原因是教师的教学观念、教学方法依旧趋于传统,信息素养还有待完善,缺乏正确使用信息手段进行课堂教学的能力。更重要的是,教师的自我发展意识淡漠,缺乏教师自主能力,没有与时代共同发展进步的紧迫感和责任感。

（3）教师不能灵活应用改革模式

笔者通过现场听课发现，有些教师在课堂上尝试了一些新的信息化教学模式，像基于问题的教学法 PBL（Promblem-Based Learning），但是，由于不能根据校本特色灵活运用，教学效果不佳。PBL 是在建构主义学习理论指导下，把学习置于复杂的、有意义的问题情境中，然后通过学习者的合作学习来解决问题，从而掌握语言知识。所以基于问题的学习首先是一种以学生为中心的教学模式，强调学生的认知主体作用。笔者对这种新型的教学模式在 J 大学实施的过程中所体现出的失调因素分析如下：①课程进度难以控制。基于问题的教学模式要求教师首先抛出问题，然后鼓励学生积极参与，重点是训练学生的听说能力，学生在此过程中要通力合作，小组互动，互相交流，做出分析判断并共同完成任务，解决问题。上述过程中所产生的不确定因素使教师难以掌控课程的进度，教师对课堂的控制力减弱。②不适用英语基础较差的学生。这种新型的教学模式对学生的语言运用水平有较高的要求，因为此过程需要学生用英语进行交流，英语水平较高的学生可以流利、准确地表达出自己的观点，效果良好；而对于英语基础薄弱的学生来讲，这种新模式会使他们对英语学习缺少信心，产生不安全感。③学习效果难以评价。PBL 大学英语教学模式需要对学生进行多元评价，而且评价过程也复杂得多，评价主体以及评价内容都需多元化，但学校还没有相应的评价体系与之匹配。

（三）网络环境下大学英语多模态教学环境方面的问题及原因

1. 网络教学硬件环境与教改模式的要求不匹配

调查表明，即便学校在资金紧张的情况下，也对大学英语网络教学环境进行了一定的建设，学生对学校网络环境比较满意，但是依旧存在硬件建设整体设计融合度较低，教学服务缺乏个性化支持和一站式服务、总体投入不足的问题。学校的硬件建设存在重建设、轻维护，师生不能参与决策，教学服务意识不强，出现问题责任不清等问题。学校的计算机硬件配置、局域网连接和教学资源等教学配套设施还不完善；图书馆等共享设施不能真正意义上实现共享；网络的带宽、计算机的不稳定性对学生的自主学习产生影响；自主学习中心的设备发生故障或出现技术问题时，维修人员和管理员的服务效率和质量严重影响学生自主学习的效果等等。

各种传统观念和地方经济的局限性是上述不协调因素产生的主要原因。有些领导和教师教学观念传统滞后，还没有把信息技术当作外语课程的有机组成部分，认为没有计算机一样能教好英语。像J大学这样的地方高校，由于新校区建设等原因，历史欠账较多，每年都有一定量的债务偿还额度，教学科研、后勤服务等各方面的资金需求也造成了资金投入的巨大缺口，办学资金投入本来就捉襟见肘，更谈不上购置更多的语言教学设备。学校缺少善于管理机房的技术人员，管理员大多是懂电不懂教的非专业人员。学校网络硬件环境的完善需要校方和教师的共同努力，同时急需有英语教育专业背景又懂技术的多维人才。

2. 教学资源、教学平台建设需要完善

调查表明，信息技术把声音、图片、音频以及动画整合到外语教学资源中，很好地创造出了一个动态的、交互式的语言学习环境，传统的纸质教学资源变成了立体化教材，互联网为英语学习者提供了一个海量的资源库。英语自主学习平台使教改模式得以顺利实施，学生的学习兴趣、动机得到了激发。但是，笔者同时发现，网络环境下大学英语教学资源建设以及教学平台建设还需趋于完善。

首先，教学资源没有得到充分利用的同时，针对个性化教学又出现了资源不足的问题。调查发现，教师很少使用在线教学平台中的CAI课件、测试题库以及课堂资源库，教学资源没有在教学中充分发挥作用。由于实际上的大学英语课堂教学仍然以教师为中心，教师在大学英语课堂上还是习惯于传统的讲授法，即便在自主学习中心，学生利用网络进行部分听说课程的自主学习，许多教材中与技术融合精心制作的素材在课堂中还是无暇触及，网络环境下的大学英语立体式教材无法得到充分的开发和利用，所以每学期总有许多教材资源没能在教学中发挥优势，白白浪费掉。同时，自主学习中心教学平台上所提供的大量资源又无法满足师生个性化教学的要求，比如缺乏分层教学设计、专业英语网络课程设置粗糙等。互联网上的海量资源容易导致学生在网络中迷航，良莠不齐的资源信息也会给学生自主学习带来负面影响等。因此，一个校本特色的师生共建资源库急需建立。

其次，教学平台智能化程度有限，"程序化和技术化"的教学软件制约了多种教学方式的选择和利用，不利于多元化学习和社会认知在大学英语教学中的作用。研究发现，由于大学英语自主学习的网络平台还做不到学习和管理完全自动化，想要对学生网上自主学习进行有效监督和管理很难实现。教师在因材施教、实施个性化教学指导方面也受到技术局限。由于软件技术的制约，目前，计算机的人工智能化程度还无法达到真正的人机互动，支持性的英语交流环境有限，不能完全模拟真实的交际情境，加之受行为主义理论影响，人机互动训练中，机械操练成分较多，对口语等交际技能的提高作用有限。

笔者认为，产生上述问题的主要原因是网络环境下大学英语教学软件的开发存在需求定位错位，开发方把不同层次的学校、学生、外语人才培养规格、课程学习等教学形态以及教学内容混为一体。目前诸多软件开发公司把貌似适合的教学系统做成"外语学科教学平台"，大学英语教学被"系统化""智能化"和"信息化"。厂家给自主学习中心所装配的"平台系统"设计的功能和资源令人眼花缭乱，甚至处于无序混沌的状态。有些不懂语言教学的开发者把一些违背语言教学规律的"功能"强加于外语教学，偏离了大学英语教学改革的真正价值和目的。软件开发厂家或公司极力追求技术上的"高精尖"，对教学内容、教学方法的技术实现倍加关注，而对于培养学习者自主学习能力的学习过程、学习策略、学习资源和环境的研发却不多，这样就失去了网络环境下大学英语多模态教学的真正意义。

3. 网络环境下形成性评价与实际教学不符

问卷调查表明，J大学的英语多模态教学系统缺乏一整套科学的教学评价体系。即便改革模式要求终结性与形成性评估相结合来对教学进行评价，但在实践教学中，终结性评价仍然占主导优势。传统评价体系中以期末评价这样的定期性评价为主，教学过程中进行的不定期、经常性评价权重较小，不能对网络环境下的大学英语自主学习给予科学评价。它所带来的负效果是学生更加看重考试分数，这样便使学生的学习动机更趋于外部型，削弱了学生学习英语的兴趣，不利于对学生语言综合能力的培养。同时，J大学在对三本学生进行教学改革的过程中也遇到了尴尬，形成性评估达到了70%后出现了严重的课堂生态系统失衡现象。教师对70%的评价分配方式模糊，教学管理监督难度加大。缺乏统一的测试标准后，形成性评估中的期中测试、随堂测试、口语测试、学生评价、网络学分等测试成绩都在教师个人的掌控之下，综合成绩不客观，大部分还是基于教师主观印象来给予学生成绩，有的教师往往将占总成绩70%的平时成绩片面提高，从而换取学生对教师评教工作（给教师打分）的支持，以致呈现学生期末成绩虚高的假象，结果出现了三本学生的英语期末及格率高达90%，二本学生（40%形成性评估）的及格率才达到80%的怪现象。这种所谓的形成性评估完全是终结性评估的变体形式，而且评价结果不但不客观，也不科学，甚至出现人情分。质性评价能够体现学生个性化特点，但评价过程和标准的客观性需要科学把握。调查显示，J大学目前还没有真正把学生评价纳入评价体系。因此，学校有必要制定出一份细化的、客观多元的大学英语多模态教学评价体系。

4. 大学英语课程设置传统单一，与教学目标和网络技术不匹配

笔者通过文件查阅，对J大学课程体系描述如下。

（1）大学英语教学体系

外语教研组按照《大学英语课程教学要求》，依据《J大学本科人才培养方案》及学校大学英语教学目标创建了本校特有的大学英语教学体系，即"以学生为中心，必修、选修相结合，课内、课外相补充"的教学体系。该体系体现了"个性化教学"，彰显了"以学生为中心"的教学理念。体系设置采用通识必修课与专业课相结合的结构，是集必修加选修（网络）、分类加分级、通用英语加专业英语、读写加听说、形成性评价加终结性评价、课上学习加自主学习于一体的教学模式，以英语语言知识与应用技能、学习策略和跨文化交际为主要内容的四年连贯的教学体系。

大学英语教学贯穿四年本科教学全过程，依托以夯实听说读写译能力为核心的基础英语为平台，在此基础上建立了以提高学生英语应用能力与从业能力为核心的"专业英语""双语教学""高年级英语选修课"三大提高阶段英语教学模块，课程设置中必修课与选修课（网络）相辅相成，促进了学生英语应用能力的提高。四年制教学划分为基础与提高两个教学阶段：大学英语课程基础阶段（276学时，12学分）由"读写课程"和"听说课程"两部分组成，"读写课程"基于课堂教学，突出了课程的基础地位，

使学生牢固掌握读、写、译等基本技能;"听说课程"体现了课程的实用地位,培养了学生的听说能力。大学英语应用提高阶段课程分为三个模块:①开设"专业英语"课程(36学时,2学分),在市场营销、国际经济与贸易、金属材料工程、焊接技术工程、化学、制药工程等专业中开设"专业英语"。②开设商务英语、英语音标认读、网络英语/经济类英语阅读、医学类英语高级阅读、跨文化交际课程(1.5学分)等网络公共选修课。③开设"双语"课程教学模块,在土木工程、建筑学、生物科学、热能与动力工程、临床医学等专业中的部分课程中进行中英文双语教学。

(2)大学英语课程设置存在的问题

从以上描述来看,J大学英语课程体系丰富多样、层次分明、科学规范。但通过仔细分析,加之对教师、学生进行深度访谈,笔者发现,J大学的英语课程设置存在一定的问题。

首先,J大学的大学英语课程设置比较传统,特别是基础教学阶段课程设置单一,与网络环境不相适应。基础教学阶段是指大学一二年级的大学英语必修课教学阶段,这个阶段J大学针对不同层次的学生只开设了读写、听说两类必修课型。学校没有开设专门的跨文化交际课程。计算机自主学习以部分听说课为主,教师在接受访谈时反映,学生在自主学习时喜欢自主选用外研社的iTEST系统进行四、六级习题训练,并不进行听力训练。能力提高阶段课程设置主要在大学三年级,这个阶段的英语专业课和双语教学课程设置是各学院自行安排,由懂英语的专业课教师承担,教学效果和教学质量有待商榷。笔者认为,J大学计算机网络环境下的大学英语课程设置和教改模式没有完全融合。其中一个原因是学校的四、六级过级率的硬性教学要求和J大学学生生源英语基础普遍较差之间的矛盾,导致自主学习课堂和教师面授课堂之间出现真空地带,使得大学英语教学目标和课程设置之间出现不协调因素,产生隐性教学目标(过级率)和教学要求之间的矛盾。矛盾从S省大学英语教学课程质量评估"学生学习效果"的指标要求中也可见一斑。也就是说,在这样的隐性应试教学要求下,大学英语教学内容、课程设置等和国家规定的教学要求之间还有一定距离,教学目标与课程设置不协调。同时,教改模式的实行目的之一是要充分利用现代信息技术提高学生的英语综合应用能力,尤其是听说能力、跨文化交际能力的培养。但是研究表明，学生在听的能力上虽然有不同程度的提高，但说的能力提高不大，多数学生认为自己口语依旧较差，希望在这方面有所加强。学生跨文化交际能力的培养在基础课程设置里体现模糊。

其次是网络选修课程教学应用失调。从对网络选修课程的调查可以看出，学校在能力提高教育阶段(5~6学期)共开设了6门英语网络选修课程(商务英语，网络英语，经济类英语阅读，英语音标认读，医学类英语高级阅读，跨文化交际课程)。通过对学生访谈发现，学生对网络选修课程的态度还是比较喜欢的。网络选修课程可以促进学生的个性化学习，积累专业英语知识，学生可以根据兴趣和需要进行自主选择，其自主学习能力也能在学习中得以提升。但是笔者通过实地考察和深度访谈发现，J大学网络选修课堂建设存在如下问题。

①网络课程重建设、轻教学应用。学校把网络课程建设当成资源建设，不考虑教学进程、教学管理等实质性问题，甚至把课程简介、课程特色、课程评价照搬上网，网络课程变成了展示课程信息的平台、电子书的堆砌，远非真正意义上的教学平台。②网络选修课程模块设计不合理。网络课程中的大部分信息，由于没有精心设计，模块杂乱无章，并且缺乏个性化特征，不易于学生自主学习。③教学资源匮乏，不能满足学生个性化需求。网络课程很少为学生提供详细的课堂教学内容、课外练习资料和相对应的教学课件，也没有教师教学录像。④网络教学平台智能化程度不高、教学互动性不佳、交互界面效果较差。论坛、答疑、测试等网络课程互动环节无法促进教学。而且学生在进行网络选修课程登录时，需要实名制注册。为此，学生不愿对自己的同学、朋友进行正面评论，并且论坛中低沉的气氛打消了大家互相讨论的积极性。⑤网络课程设置单调，缺乏团队建设，课程内容缺乏更新。J大学目前所开设的英语网络选修课程只有6门，形式单一，远不能满足作为综合性大学二十多个学院七十多个本科专业学生的需求。网络课程的建设者不重视团队建设，缺乏对课程的更新，有的课程从未更新过，资源陈旧，学生没有学习兴趣。⑥网络课程的教学平台不稳定，比如无法正常进行在线测试、无法提交作业、闪屏等，学生因此产生焦虑情绪。⑦有些学生学习主动性不强，自主学习能力较弱。学生受传统教学思想的影响，将网络课程看成教师布置的任务，将平台看成下载、获取课程信息

材料的辅导站，网络课程学习的价值没有得到学生的充分认可。

根据 J 大学英语课程设置方面出现的各种失调现象，为了充分利用教学模式中的先进信息技术，一个融合性多元课程体系急需建立，同时需要采取措施构建网络选修课堂教学系统的生态平衡。

第四章　多模态话语分析视域下的大学英语在线教学模式研究

通信与网络技术的飞速发展使人们认识到了教学媒体的巨大威力，在有些领域，新的多媒体课件已经完全取代了教师和课本的职能。随着科技的发展，以手机为代表的智能电子产品的推广，使得互联网的应用和普及更加广泛，进一步推动了在线学习的发展。当很多学习者只是陶醉在在线教育带来的福音下，还没来得及深入体会在线教育的优势和劣势，新一轮的网络课程就以更大的冲击力展现在学习者的面前。基于网络链接速度的提升和平板电脑以及移动应用发展带来的更大便捷，课程开发者们基于网络链接主义的理论，结合实体课堂的教学实际，推出了更接近实体课堂的在线课程——MOOC（massive open online courses，即大型开放式网络课程）。这种包含课堂教学各个环节的大规模开放性课程一下子使学习进入了一个全方位的在线课程时代，并迅速融入了人们日常学习，彻底改变了人们接受知识的途径。在线英语教学多模态化成为必然趋势，多种模态的有机整合可以促进大学英语在线学习者知识意义的主动建构。

虽然在一定程度上，多模态话语分析的意义可以弥补语言和其他相关的意义资源未能有效融合的缺陷，联通语言系统和其他复合系统，有机整合多种模态。但是，由于多模态话语分析理论自身所存在的局限性、不成熟性，千篇一律的多模态话语分析研究模式带来的研究"瓶颈"需要在其他跨学科理论方面进行探索和研究。

基于此，本章从梳理"互联网+"模式下大学英语教学的演进历程入手，探究"互联网+"背景下大学英语教学模式的创新路径，并重点研究如何构建多模态话语分析视域下的大学英语在线教学模式。

一、"互联网+"模式下大学英语教学的演进历程

随着信息技术的进步,"互联网+"模式下的大学英语教学经历了从传统走向现代的发展过程。本节将详细阐述传统外语课堂教学的发展、信息技术辅助外语教学的发展,特别是信息技术与大学英语课程整合后课堂教学的变化。

(一)传统外语教学及其特点

1. 传统外语教学及其发展历程

传统的外语教学主要是指传统的外语课堂教学形式。课堂教学形式历史悠久,在西方可以追溯到17世纪的捷克,当时夸美纽斯(Johann Amos Comenius)发表了《大教学论》,提出了班级授课制度,开创了以教师为中心的教学结构。到了19世纪,德国的赫尔巴特(Johann Friedrich Herbart)针对课堂教学模式提出了预备、提示、联系、统合、应用五段教学理论。到了20世纪,苏联的凯洛夫(N.A.Kaiipob)提出了新五段理论——即激发学习动机、复习旧课、讲授新课、运用巩固、检查效果。此后,巴班斯基(Y.K.Babansky)发表了最优化理论,美国的布鲁纳发表了学科结构论,布鲁姆(Benjamin Bloom)发表了掌握学习理论,等等。而行为主义理论是传统外语课堂教学模式重要的理论基础。

在行为主义理论的支撑下,外语课堂教学的中心是教师,教学模式以教师讲授、学生听讲为主。课堂教学的基本要素是教师、学生和教材,教师的教法、学生的学法以及教材的编写是人们关注的重点。在我国传统的外语课堂中,教师统领整个教学过程,安排各个教学环节,教师准确清晰的知识阐述是学生重要的知识来源。传统教学中比较突出完成理论知识传授任务,强调进行理论性教学。理论性教学过程偏重理解和记忆,注意的是知识的传授行为。在这样的英语课堂中,教师始终主宰着教学的主要方面及过程,教学目标的确定、内容的选择、方法的运用以及进度的控制都是以教师为取向的。这种教学法主要由教师设想教学模式,很少考虑学生的个性特征和具体要求。

在我国,外语教学历来都是以课堂的形式进行,且以教师为中心。中国在1862年建立同文馆时,传统外语课堂教学形式就已存在。到了20世

纪 50 年代，在苏联外语教学模式的影响下，中国外语课堂教学的主要内容是语法和翻译。听说教学法于 20 世纪 60 年代进入中国后，人们才开始关注听说技能的训练。到了 20 世纪 80 年代中期，越来越多的人开始接受交际法在外语教学中的重要地位。我们必须承认，这些教学方法都有其实践意义与价值，为我国的外语教学做出了很大的贡献。认知语言学、心理语言学在外语教学方面的研究于 20 世纪 90 年代后期得到了重视。教学法研究的重点从教师转向学生是在 21 世纪初，建构主义理论、人本主义心理学、自主学习理念和多媒体网络教学模式开始冲击传统外语教学模式之时。

2. 传统外语教学的利弊分析

（1）传统外语教学的优势

传统外语教学之所以能延续至今，一直为大多数英语教师和学生所接受，是因为它有自身存在的优势。教师中心、教材中心、课堂中心的"三个中心"是传统教学模式的理论核心。传统外语课堂的教学目标是传授系统知识、培养基本技能，以行为主义理论为指导，注重充分挖掘人的记忆力，同时强调推理能力与间接经验在学习方面的作用，让学生快速有效地掌握更多的信息量。传统外语课堂教学的主要优势如下：①课堂上师生之间面对面的言语交流、思想交流是最亲近自然的，这样的师生互动最有感染力，而且灵活有效，是任何方式所替代不了的。②传统课堂教学组织控制严密，制度规范，便于操作，有利于课堂教学的组织、管理与控制并按预先的设计实施。③传统课堂教学的主要内容是以指定的教材为核心，教学的主要目标是完成语言知识的传授，教学的各个环节和步骤都围绕这一目标分步实施，在课堂教学过程中教师的主导作用占绝对优势。④传统课堂中的教师为中心、教材为中心使教学过程省时、高效，体现了知识的系统性和完整性传授。⑤传统课堂上具有丰富教学经验、治学严谨的教师通过言传身教和生动的讲解营造了良好的育人氛围，有利于学生的身心健康和道德修养的完善。

（2）传统外语教学的弊端

随着信息技术飞速发展，社会政治、经济、文化的不断进步，语言学习者对语言能力的要求也不断升高，传统外语教学逐渐暴露出一些问题，包括以下几个方面：①传统外语教学模式是以教师为中心，以教师的课堂讲解和学生的听记为主轴，教师利用粉笔、板书或各种简单的媒体作为教学手段和方法向学生传授知识，是知识的传授者和灌输者，学生只是被动的接受者，师生之间往往缺少平等的对话，忽视了学生的认知主体作用。传统教学观念中的"唯教师论""唯课本论"使学生的创新思维和学习主动性被束缚。②班级教学组织形式是我国传统的大学英语教学实践形式，主要的教学方法包括讲授法、讨论法、演示法等，填鸭式的教学方式使学生的学习兴趣和学习策略被置于次要的地位。课堂教学过程基本上是教师加黑板、学生加笔记，单一的教学形式和教学方法使学习资源、学习方式和学习评价变得狭窄，学习过程枯燥乏味，已经无法满足现阶段外语教学多样化培养目标的需要，更无法满足学习者个性化发展的需求，弱化了教学效果。③传统外语课堂教学由于教学环境的限制，往往忽视了语境对语言学习的重要作用，没有把听、说、读、写各项技能看成一个整体，过分强调重点词汇和语法知识点的讲解，造成有些学生把外语的学习仅仅当成是一种词汇的累积、语法的学习及单纯的翻译练习，学生听说外语的机会少，缺乏系统、完整的听力、口语技能训练。把语言技能进行分解式教学严重限制了学生的产出性技能，直接影响到学生外语综合运用能力的发展。同时，传统外语教学模式也很难提供学生学习外语需要的具体语言环境，学生没有想说外语的冲动，因此造就了一批"聋哑"外语学习者的出现。④传统外语教育模式中无法进行真正的因材施教。在传统课堂教学实践中，教学内容、教学方式都由教师决定，学生作为听众角色，被动地按照教师的指令，对某些语言项目进行操练。因教学条件、教学信息承载手段和一对多的教学方式的局限，教师的教学设计无法针对优等生与后进生的学习需求进行个性化教学，难以有效实行因材施教，不利于广大学生整体外语能力的提升。⑤无法满足现阶段学生的个性化需求。伴随着信息技术快速发展而成长起来的新时代学生不再满足于传统的外语课堂教学方式。据上海交通大学的调查，83%的学生喜欢通过看电视、录像等来学习英语。另外，托福、雅思、口译证书等非学业类的考试更有助于今后学生的就业、出国留学等个人发展，他们的英语学习在变得主动的同时，对课堂英语学习内容、学习形式以及信息量等也提出了更高的要求，对传统大学英语课堂教学模式提出了挑战。

（二）信息技术辅助外语教学的历程

信息技术辅助外语教学历程大体可以分为三个阶段，即计算机多媒体辅助语言教学阶段、信息和网络技术应用于语言教学阶段和未来外语教育信息化阶段。

1. 计算机多媒体辅助外语教学阶段

计算机多媒体辅助外语教学强调的是教师利用计算机的某些功能来改进教学手段，提高教学效果，计算机只是外语教学过程中师生的一种辅助工具。

计算机辅助教学始于教育技术的不断更新换代，教育技术的概念诞生于20世纪初，幻灯、唱片和无声电影等技术早在20世纪初就开始被用来辅助教学，广播、电影、录音机和电视先后开始在教学中运用。当时教学理论研究的中心是众体教学（mass teaching），声－光－电技术增强了教学信息；电信传播技术使教学突破空间限制，极大地促进了外语教育事业的发展。

"电化"概念下的外语教学，是最近半个多世纪的事情，计算机开始辅助外语教学的时间大概是在20世纪50年代。Warschauer & Healey 根据当时计算机技术水平以及教学理论的不同，将计算机辅助语言教学的历史划分为3个阶段：行为主义计算机辅助语言教学（behaviorist CALL）、交互式计算机辅助语言教学（communicative CALL）和一体化计算机辅助语言教学（integrative CALL）。

行为主义计算机辅助语言教学（behaviorist CALL）主要是指20世纪60、70年代的计算机辅助语言教学，程序学习机和电子计算机先后问世后立即应用于教学。20世纪70年代，教学上出现了微电脑、卫星传播电视以及激光视盘等。这段时期的计算机辅助语言教学是基于行为主义的学习理论，强调利用特殊设计的计算机程序进行反复的语言训练与练习。

交互式计算机辅助语言教学（communicative CALL）出现于20世纪70和80年代，人工智能在80年代实现了机器思维与高度拟人化。交互式计算机辅助语言教学阶段摒弃了行为主义的理论和教学方法，强调运用计算机技术完成从"发现""表达"到"发展"的创造性学习过程。个人计算机技术的运用成为这一阶段的显著特点，多媒体技术拓宽了人们接受信息的通道。这段时期，计算机作为现代化的教学媒体进入了大学英语课堂，甚至超出了传统教学媒体辅助大学英语教学的功能，计算机、磁带、广播、电视、VCD、DVD 等成为重要的教学资源。

大学英语课堂教学开始采取以学生为中心的教学结构，注重新旧知识的非线性结构安排和多媒体组合。各高等院校传统的语音室逐渐被计算机多媒体语音室所取代，多媒体教室建设使大学英语课堂教学功能大大增强。

我国这一时期的大学英语教学模式逐渐由封闭式、单向性的知识与技能传播转向开放式和多向性，呈现出多元化的趋势。教学环境也呈现出开放性、交互性、协作性、多元性等特点，学生逐渐有机会在课外通过多媒体教学光盘等资源学习英语，提高英语运用能力。

至于一体化计算机辅助语言教学（integrative CALL）阶段则是最近二三十年的事情。一体化计算机辅助语言教学是指计算机网络技术在语言课堂教学中的应用，属于现代信息技术环境下的外语教学，我们称之为信息和网络技术应用于教学阶段。

2. 信息和网络技术应用于教学阶段

20 世纪 90 年代以后，计算机辅助教学功能随着计算机三大关键技术的发展变得能够全方位、立体式地提高教学效果，已远超其辅助的功能，计算机从辅助外语教学逐步走向了教学的前台。"三大关键技术"包含人工智能技术、数字化技术以及信息和网络技术（artificial intelligence, digital technology, in-formation and internet technology）。[①]

人工智能技术是计算机应用于教学的核心技术，它使外语教学个性化、环境虚拟化、管理自动化得以实现。教师可以根据不同学生的特点真正做到因材施教；课堂教学可以进入虚拟时空，在时间、空间上更加自由；教学评价与测试、问题诊断与任务分配等能够以电子学档、电子作品、电子记录等方式趋于管理自动化。

美国孟菲斯大学研制的智能系统 Auto Tutor 是计算机人工智能技术的代表，它可以与学习者对话，对学生的情绪也很敏感，它能通过跟踪学生

---

① WARSCHAUER M, HEALEY D. Computers and language learning: an overview [J]. Language Teaching, 1998（31）: 57-71.

面部表情、语音、身体姿势和对话记录等了解学生的学习状况。

数字化技术使外语教育技术系统的计算机设备趋于简单、性能可靠、标准统一、储存量加大、信息传送速度加快。计算机数字化技术使外语教学环境情景化、资源全球化和学习个性化。

信息和网络技术带来了虚拟教育，数字卫星通信系统、移动数字通信系统、因特网及其他网络覆盖面广、资源广泛共享、超越时空限制。信息和网络技术使学习过程的互动性和自主性成为现实，学校没有了围墙，师生转变了传统的教学观念，这一切为大学外语课堂教学的发展带来了新的契机。由于高科技含量的日益增加，计算机的功能在教学领域里更加全面而完善，像场景呈现、模拟互动等效果都能通过计算机得以完美实现。

计算机辅助外语教学模式中教师借助计算机向学生授课，学生的角色并不是知识的主动构建者，而是一个被灌输对象，没有摆脱传统教学模式的束缚。网络环境下的英语学习者利用计算机进行自主学习，是知识的主动构建者。具有高度智能化的计算机在教学上占据了主导地位，既可充当教师，也可成为学员，是一个能全方位、立体式地提高教学效果的电子工具。计算机的超强功能可以从根本上改变传统低效的外语教学现状。[①]

3. 未来外语教育信息化阶段

20世纪90年代，在美国诞生了"教育信息化"的概念。1993年，美国前总统克林顿提出"国家信息基础设施"建设，指出21世纪教育改革的重要途径是信息技术在教育中的应用，世界各国纷纷响应，并且制定了本土教育信息化的战略规划。祝智庭认为教育信息化是在教育领域广泛而深入应用现代信息技术，促进教育变革与发展的过程。[②]何克抗在阐述信息技术对于新型人才综合素质培养的意义时，认为"与信息获取、信息分析、信息加工和信息利用有关的基础知识和实际能力既是信息文化水平高低和信息素质优劣的具体体现，又是信息社会对新型人才培养所提出的最基本要求，达不到这方面的要求，将无法适应信息社会的学习、工作与竞争的

---

① 陈坚林. 计算机网络与外语课程的整合——一项基于大学英语教学改革的研究[M]. 上海：上海外语教育出版社，2010：109.
② 祝智庭. 中国教育信息化十年[J]. 中国电化教育，2011（01）：20-25.

需要，就会被信息社会所淘汰"①。

信息技术对于现代教学的重要意义得以凸显。外语教育信息化强调技术和教学的深度融合，全面进行外语教育信息化变革，解决外语课堂教学的费时低效问题，真正提高国民综合素质。外语教育信息化是在外语教育领域全面深入地运用现代信息技术来促进外语教育改革与发展的过程，它具有数字化、网络化、智能化和多媒体化的特点，开放、共享、交互、协作的特征。②外语教育信息化不仅仅代表外语教育手段的改革，信息化进程中更需要师生的教育观念、教育方法和学习方式的转变，从而实现培养新世纪创新型外语人才的目标。实现外语教育信息化的关键是将信息技术融合于实际教学中，需要信息技术与大学英语课程的全面整合。

（三）信息技术与大学英语课程的整合

在当前信息技术与学科课程整合的大方向下，要实现大学英语教学改革的最终目标，科学整合信息技术与大学英语课程，建设生态平衡的大学英语教学体系是必由之路。整合意味着技术、资源、方法和内容的全面有机结合，整合后的大学英语教学系统内的教学目标、课程设置、教学环境、教学方法、评价体系、师生信息素养、软硬件资源等各个因素必须协调统一、相互融合，从而共同完成大学英语课程教学任务。信息技术与大学英语课程的整合对大学英语教学改革以及提高大学英语教学质量意义重大。

1. 整合的教学模式

教学模式是指在相关教学理论与实践框架指导下，为达成一定的教学目标而构建的教学活动结构和教学方式。陈坚林认为"基于计算机与课堂的大学英语教学模式"已不是一般意义上的计算机辅助教学模式，而是指计算机信息技术与大学英语课堂教学的全方位整合模式。③整合后的大学英语教学模式是在信息技术支持下的教学方式，它建立在信息化教学环境设计理论与实践框架理论基础上，包含相关教学策略和教学方法的教学模型。

---

① 何克抗，李文光. 教育技术学 [M]. 北京：北京师范大学出版社，2009：65.
② 郭颖. 论教育信息化在现代外语教学中的作用与实现途径 [J]. 现代远距离教育，2012（04）：47-52.
③ 陈坚林，史光孝. 对信息技术环境下外语教学模式的再思考——以 DDL 为例 [J]. 外语教学，2009（06）：54-57.

它改变了计算机辅助教学的传统教学观,把计算机作为整个教学体系的有机组成部分,强调利用信息与网络技术的优势充分发挥师生的积极性与创造性,把面授课堂和计算机自主学习课堂科学融合,把"教师中心"与"学生中心"模式科学融合,使之相互交融、相互转化。整合的教学模式有很多表现方式,比如:基于问题的教学模式、基于任务的自主学习和协作学习、数据驱动学习、交互型教学模式、网络探究教学模式等等。这些模式从英语课型、语言技能、个体差异等变量的契合点出发,充分利用计算机网络多媒体,整合教学策略,营造自然的语言氛围,使外语教学由封闭式、单向性的知识传播向开放式、多向性的信息传播转变。

这一阶段的教学模式强调以学生为中心,学生由被动接收者、知识的灌输对象转变为知识的建构者和加工信息的主体,教师从教学权威转变为课堂教学活动的设计者、合作者和指导者。教学的基本要素包含学生、教师和媒体教材,教学设计中充分利用数字化、网络化、智能化等信息技术,营造良好的学习环境。同时,伴随互联网即时通信技术的进步发展,网络和交互性成为这一阶段教学媒体最大的特点和优势,课外时间的师生、生生互动优化了教学过程。

2. 整合后大学英语教学的变化

计算机网络技术与大学英语课程的整合对传统的大学英语课程带来了一系列的变化。大学英语教学目标从语言知识的传授转变为培养学生的英语运用能力、跨文化沟通能力、自主学习能力以及信息素养;教学内容从词汇、语法等的讲授转变为学习策略、学习方法的培养;课程设置从传统的课堂讲授转变为课堂讲授与基于计算机网络的自主学习相结合;课本从传统纸质课本转向无纸化、数字化,甚至网络化课本的集合体;教师的角色由传统的知识传递者转变为引导者、协作者以及教学资源的设计组织者;学生由被动的知识接收者转变为主动的知识构建者;教学模式由填鸭式教学转变为面授、自主学习及辅导相结合的形式;教学方法由教师为中心转变为以学生为中心;教学环境由传统教室转为计算机多媒体教室、虚拟教室;教学资源由课本加教师加补充材料加图书馆转变为网络资源、在线数据库等;教学评价由传统的标准化、终结性评价转变为形成性、终结性相结合,注重学习策略、学习过程以及学习结果的评价等等。课程整合后大学英语教学的变化彻底改变了传统课堂教学的本质，为大学英语课堂教学注入了生机和活力，然而在新旧模式融合转变的过程中，各种不协调现象也逐渐显现出来。

二、"互联网+"背景下大学英语教学模式的创新路径

教育部在2018年发布了《教育信息化2.0行动计划》，该计划旨在实现现代教学和互联网信息技术的全面融合。伴随着翻转课堂、慕课、"互联网+"课程等新兴词汇的出现，大学教学也逐步开始进行改革与创新，积极面对传统教学中的不足和弊端，改良传统课堂"灌输式"和"填鸭式"的教学，尽量避免教师在课堂占有绝对主导权，如果学生一味地处于被动局面，就无法从根本上提高其对英语学习的兴趣和积极性，也不利于未来发展综合教学素养。因此，如何全面改善英语教学方式，合理利用互联网信息技术，摒弃并改良传统教学理念成为高校英语教学的主要发展方向，也是新一代教育工作者亟待解决的重要问题。

（一）转变传统的教学观念

1. 教学观念的改变

信息化技术在不断发展和改进，尤其是在大学英语教学中，有着传递信息和传承责任的作用，但当前传统的教学方式中教师的教学观念还是比较落后，不能适应新形势下的教学。所以，为了与信息时代的大数据结合起来，我们有必要对英语教学体系进行一系列的更新，将传统的教学观念进行转变，实现英语教学的信息化，从而促进大数据在英语教学中的发展和更新。

在大数据时代，数据的意义主要是从其背景数据上来体现，从教学的观念来看，教学逐渐向学生去转换，传统观念的结论性内容逐渐向个性化发展。例如，远程教育和在线教育主要是以数据方面的处理和应用为主，数据分析的过程中，需要从其结合点出发，大量分析其背后的逻辑关系。在教学评价的过程中，教师可以随时记录学生课堂中的互动情况，之后将期末学习的数据信息进行汇总，从学习的信息中找出学生在学习过程中出现的问题。从这些数据的信息中也可以推断出教学活动的效果，之后根据

学习中遇到的不足给出有针对性的教学方法。

2. 任课教师要从根本上认识到自身角色的转变

慕课等在线教学模式的更好推行和实现离不开任课教师个人意识的转变，慕课在实际开发过程中本身具有一定的复杂性，对使用到的课堂资源相关技术的要求相对较高，要求任课教师在实际教学过程中不仅要灵活运用各种教学方式，还要结合实际案例来达到对高校英语资源的有效整合。此外，慕课组件发展过程中加入了很多新的模块和任务，不仅涉及英语课堂的基本设计情况，也涉及了教师的课堂实际教学和学生的课后学习情况，反映出教师和学生的基本互动情况，使高校英语教学的评估方式发生了很大的改变。任课教师要想更好地将英语教学和慕课结合，就要改变传统的授教方式，启用翻转课堂的基本模式，更好地利用互联网资源，改变传统课堂中口头授教、学生预习及教师讲解的方式，翻转为利用互联网资源，采用课堂讨论交流等自由学习方式进行，即课上与课下有机结合的主要模式。翻转课堂的进行离不开教师的推动，任课教师要将自身的教学素养进一步提升，根据学生的实际情况不断创新教学方式，保证学生在英语课堂上学到更多的知识，培养学生良好的学习模式。

3. 根据学生的需要实现人性化教学

大数据平台是以信息技术推动教学发展的具体体现，社会的发展都会展现出趋势化的现象，高校也在采取各种措施以提高学生的学习效率。在借助大数据平台的前提下，可根据学生对学习的兴趣针对性地推送相关的信息。数据时代是一个具有海量信息的时代，学生在这些海量信息中很难找到对自己有帮助的信息，在此教师可以帮助学生提供有用的知识点，找寻出潜在的知识点，为学生提供有利的教学内容。以大数据为载体的人性化教学在很大程度上发挥了图书馆的作用，为学生提供了充足的资料，但在学习过程中也要对学习的内容进一步进行解读，达到更深层次的应用。与此同时，还需要做好媒体的宣传作用，可以让教师和学生都能更好地了解西方文化，了解西方文化的思想，让学生在兴趣中得到学习，在学习中了解各种文化，了解在西方文化背景下的知识。有时可以通过学习了解英国的文化以及美国居民的生活，从潜在的生活中了解背后的意义。再者，教师可以对一些资料进行整合，借助资源的共享，以供学生使用，进而提高学生的学习能力。

(二)实现多元化教学模式

1. 互联网和课堂相结合,选择最优教学方法

所谓在大学运用"互联网+"大学英语教学法进行英语教学,是对传统大学英语教学的发展和创新,但在使用"互联网+"大学英语教学法时,并不意味着就放弃了传统的大学英语教学法,而是应该把两者有效融合在一起,面对是进行互联网授课还是在课堂授课,应当根据具体教学内容的需要,选择最优的教学方法。

随着高校英语教学不断深入,大部分学生在单独学习英语时都愿意通过视频、音频等的教师讲解模式来学习,以此来提升学习成绩。但是想要在高校英语课堂教学中,通过多媒体来营造良好的学习效果,就需要教师结合音频、视频来恰当地给学生灌输英语知识,使数字化多媒体成为整个课堂教学中的辅助材料。教师需要通过语言知识对重点进行突出,对知识进行精讲、多练,并合理地利用多媒体来促进学生的学习,适当地应用板书提升学生的口语能力,让学生能够自觉地参与到课堂的互动中去。

2. 创新教学模式,激发学生主动学习

在"互联网+"视角下,如何创新大学英语教学模式,激发学生主动学习英语是一个重要的问题。不管是在教学内容、教学形式、教学评价,还是在学生的学习方法等方面都需不断开拓创新,通过实践与不断完善,让学习随时随地发生,让学习成为一种体验,构建线上线下混合、课内课外互补、学校社会连通的教学模式,形成"项目导向"实践教学体系,实现正式学习和非正式学习的融合、个人学习和小组学习的融合、泛在学习资源和多种真实学习活动的融合。教师不再是仅仅传授教材上的知识,更重要的是收集好学生课外学习的资源和学习互动的准备,以拓展学生的学习视野,让学生对英语学习感兴趣。

此外,鼓励学生积极在线参加英语教学互动和讨论,并根据学生的心理和网络学习的特点,调动学生的学习积极性,从而进一步激发学生的主动学习,让学习英语不再成为学生的一种负担,而是人生中必须并且难忘的一种体验。

3. 充分利用现代网络信息教学技术

"互联网+"教学模式要求大学课堂为学生提供更加现代化的教学设备，以新媒体情景教学为例，传统教学很容易让学生产生疲倦感和厌烦感，而现代多媒体设备能够利用新媒体教学方式为学生创造更加丰富多彩的情景教学环境。首先，情景教学为英语课堂带来了趣味性，这样一来能充分吸引学生的注意力，让他们更加投入到教学课程中。比如在传统教学课堂中，教师在向学生讲授音词时根据教材内容进行拓展，首先介绍课文结构和整体思路，再进一步介绍课文的主题思想，在此过程中，向学生逐步介绍教学重点和知识难点，要求学生逐个掌握。这样虽然能让学生全面了解课程内容，但却缺乏了趣味性和主观能动性，难免会走向僵化。而在"互联网+"教学方式支撑下，多媒体设备能够为学生提供更加丰富多彩的情景教学视频，通过视频内容吸引学生的注意力，引起他们对教材内容的兴趣，在学生了解教材思想并逐步融入其中后，教师再向学生播放课件内容，加深他们对教材的印象。教师随之可以为学生确立技能目标，通过多媒体屏幕向学生展示具体句型和单词要点，让学生逐个掌握其中的组成短语和词汇，逐步了解每一个句型的组成结构并进行自行翻译。在此过程中，教师可以充分给予学生主动权，让学生自行组合进行情景表演和对话，创造更加浓郁的英语学习氛围，通过活跃课堂氛围来提高学习积极性。

4. 充分利用互联网教学资源

"互联网+"为大学英语教学提供了丰富的网络资源，如MOOC、微课、翻转课堂、混合式教学等。其中翻转课堂作为当下应用广泛的互联网教学模式，不仅能够有效提高学生兴趣，还能在日常培养他们良好的学习习惯。教师则应充分利用这一良好资源，在正式教学前协作好备课方案和教学计划，利用翻转课堂模式为学生创造更加自主和主动的学习机会，将学生充分置于课堂主体地位。同时在翻转课堂中，教师可以挖掘教材之外的网络资源，随时随地从互联网平台上查询相关资料，学生也能够利用网络课堂咨询相关知识点，针对自身学习现状展开针对性学习，不断弥补自己的不足和缺点。其次，第二课堂成为近年来各高校推崇的新型教学模式，其主要通过利用学生课余时间，为他们创造更加自主化和多元化的课堂。"互联网+"技术能够有效推动第二课堂的实践，帮助学生弥补师资力量，改善学习环境，与传统的第一课堂形成相互促进和相互补充的友好发展状况，不断拓展学生的学习空间，为他们营造更加优良的学习氛围和空间，让学生在第二课堂中能够提高主观能动性和学习积极性，也能够让学生借助网络平台查询到最新的学习方法和教学资源。

（三）构建多元化教学评估体系和全面性数字资源网络

1. 多元化教学评估体系的构建

传统的考核模式主要是以期末考试为主，平时成绩为辅的考核手段，对英语教学的促进作用小，学生不能从主观意识上接受、投入到英语学习中，不能真正认识到英语学习的重要性。因此，构建多模态的评估体系在多模态教学中是必需的。多模态评估体系应该贯穿于整个大学英语教学中，并包含过程评价和结果评价两部分。过程评价在形式上应注重教学过程中细节的考核，改变以往单一的笔试，添加音频考核、PPT考核、视频考核等模式。这样，学生的英语水平更能客观、清楚、多元化地展现出来，教师也能更加客观、准确地了解并评估每个学生的英语应用能力。

2. 以教学为主导构建全面性数字资源网络

在高校英语数字资源的建设过程中，以英语习得理论为基础，结合学校课堂教学的环境，进行教学资源的构建。在构建的过程中，不仅教师要参与其中，学生也要共同参与。英语是一项社会发展中基本的语言技能，对于大学生来讲是非常重要的，因此需要积极地去面对。在对数字化资源进行构建时，还需要大量的人力和财力支持，所以在构建数字资源库时，需要有丰富英语知识的教师参与到其中，并且与后台、前台和链接方面的技术人员进行交流，从而维持数字化英语资源库的持续优化和更新。

三、多模态话语分析视域下的大学英语在线教学模式研究

前面探讨的网络环境下大学英语多模态教学存在的问题及上述层面的诉求，为开展多模态话语分析视域下的大学英语在线学习模式研究提供了主观、客观动因。基于在线学习模式研究的需求，笔者构建的问题框架为：在线英语学习支架的搭建需要关注哪些因素？在线英语教学改革引发了师生哪些情感变化？需要哪些情感支持？与在线英语学习效果最为相关的交

互手段是什么?

为了回答上述问题,本书借助 Nvivo 软件,以国家开放大学 G 省分部参加在线学习模式改革试点的 D 开放大学的 6 位教师和 18 位学生为研究对象,试图以多模态话语分析中的情景语境理论为依据,从话语范围、话语基调、话语方式三个方面,研究大学英语在线学习模式中,在线英语语言学习者的学习需求、学习动机和兴趣、学业情绪,教师的情感体验、导学教学设计以及导学过程中的交互手段,以便为大学英语在线教学的师生提供参考,有效融合语言和其他相关意义资源,促进大学英语学习者对知识意义的主动建构,达到帮助学习者利用英语进行社会交际的教学目的。由于篇幅所限,具体数据分析过程省略,只对结果进行分析。

(一) 多模态话语分析理论在在线英语教学中的应用

多模态话语分析的理论框架涉及五个层面:文化、语境、意义、形式和媒体[1],本书聚焦语境层面。根据韩礼德的观点,语境分为文化语境(context of culture)和情景语境(context of situation)两个类别。[2] 在这里,我们主要讨论情景语境。情景语境由话语范围、话语基调和话语方式三个方面组成。在语言的情景语境中,除了语言本身的符号系统,与交际活动相关的其他语境因素,如表情、手势、动作、行为和工具性的图画、图像、图形、视频、音频、动画等多个符号系统,也共同参与交际。于是,多个符号系统从语境转化为模态,实现交际意义。

在线英语教学中,情景语境的三个要素——话语范围、话语基调和话语方式的主要内容如下。

1. 话语范围

指在线英语学习阶段,所讲授英语知识内容的难度、深度;需要实现的教学目标、教学设计等。

2. 话语基调

指参加在线英语学习的教师和学习者的兴趣、情感、学情分析等,包

---

[1] MARTIN J R. English text: System and Structure [M]. Amsterdam: John Benjamins Publishing Company, 1992: 248-300.

[2] HALLIDAY M A K. Language as a social semiotic [M]. London: Edward Arnold, 1978: 298-321.

括参加在线教学改革的动机、情感体验,参加在线教学改革的学习者的情感体验、求学动机、英语学习兴趣、英语学习基础等。

3. 话语方式

主要有两种。第一,为多模态交际搭建网络平台,提供大量的语料、模拟真实交际语境(人机对话)、录音、录像、图像等,作为意义表达的辅助方式,激发学习者的兴趣和热情。本研究所涉及的网络平台有国家开放大学学习网、开放云书院App、D开放大学的导学平台。前两个平台由国家开放大学设计的大学英语网络课程资源,如课程资源、学习活动、教学评价、学习支持服务等组成。本研究聚焦后一平台,即D开放大学第一学期使用的QQ平台和第二学期学校后期建设的在线直播平台。在线导学是为在线英语学习者提供全程跟踪服务和综合性指导帮助的一种方式。在线英语导学视频课是主要针对网络英语课程进行辅导教学的补充视频课。第二,多种模态的协同,有学者称之为模态搭配[①],即选择多种模态相互配合来完成交际任务的现象。在线英语学习环境导学视频包含各类音、视频,如根据书面语含义转换的口语音频或视频、单词音频、口语练习视频,以及整合图、文、声、动作的整段情景视频。在这里,学习者对情景是熟悉的,但对英语语言和文字不熟悉。图片或视频图像是用来阐释文字的,使事物更加具体、真实;音频或视频用来帮助英语学习者改善口语发音以及理解文字;补充替换的音视频内容用来提供信息,既增加了意义的明晰度,又达到了由浅入深、由点到面的教学目的。除此之外,多模态协同不局限于表情、手势、视频、音频、动画等多个符号系统,已扩大延展至其他相关因素的协同。结合导学视频而进行的各项运用其他模态的工作,如学习任务单、学习设备使用、学校管理等,都可以列入话语方式的范畴。

(二)研究结果与分析

1. 树状三级节点及其相互关系

Nvivo编码形成的树状三级节点各级之间互为关联,是一种从属关系。其中,一级节点是理论框架的核心要素。根据多模态话语分析中的情景语境理论,话语范围、话语基调和话语方式是3个核心要素,在Nvivo软件

---

① 张德禄,丁肇芬. 外语教学多模态选择框架探索[J]. 外语界,2013(03):39-46,56.

编码过程中，这3个核心要素作为3个一级节点。此种编码方式是核心式编码，一级节点位于树状节点的最顶端，其编码参考点数来自所从属的二级节点和三级节点的编码参考点数；二级节点是将相似含义的三级节点归纳、概括而得，是关联式编码；三级节点是从访谈资料中提取的原始文本信息点，是开放式编码。编码时，如果一段话语涉及几个节点，则分别放置在不同的节点下。完成初步的三级编码后，需要对各个节点、子节点的名称、内容进行推敲、斟酌，合并相同或相似节点，对树状节点3个级别节点的逻辑性进行深入探讨，不断修正。另外，试点启示、试点行动流程与3个核心要素组成的一级节点无清晰的逻辑关系，作为自由节点单列（3个核心要素构成的一级节点及其下属的二级节点在Nvivo中的编码情况见表4-1）。话语范围的二级节点由导学内容和导学设计构成。话语基调的二级节点由教师视角和学生视角构成，其中学生视角的参考点数最多。话语方式的二级节点由学习设备、QQ导学视频印象、学校直播平台学习感受、学习任务单、学生支持服务、师生交互构成，其中学习任务单的编码参考点数最多。各个二级节点的编码参考点数为自身编码参考点数与下属三级节点编码参考点数之和。

表4-1 一级节点及其下属的二级节点在Nvivo中的编码参考点数统计

一级节点	二级节点	编码参考点数
话语范围	在线英语导学内容	2
	在线英语导学设计	21
话语基调	直播环境下导学教师的情感、兴趣、态度	51
	直播环境下在线导学课堂学生的情感、兴趣、学情	160
话语方式	直播平台	41
	多模态协同	158

2. 话语范围分析——在线英语学习支架的搭建需要关注哪些因素？

根据对受访学生英语学习基础和兴趣的了解，加强英语语言基础知识导学是提高在线英语学习者听说读写能力的前提。如何在在线学习中有效引导学习者学习英语基础语法、词汇，是试点教师导学视频的中心问题。关于多元读写能力的培养模式，我们可以参照以下观点：其包含语言模态、视觉模态、听觉模态、身势模态和空间模态五个类别。[①]语言模态包括表达式、词汇、隐喻等模态成分；视觉模态包括颜色、视角、背景化等模态成分；听觉模态包括音乐、音响效果等模态成分；身势模态包括行为、身体形状、手势、感觉、身体动作等模态成分；空间模态包括地理位置、建筑意义等模态成分。对英语语言教学来说，语言模态的作用尤其重要，在在线英语导学视频中，需要有机糅合这五种模态。不论是在QQ平台，还是在学校直播平台的导学中，教师讲授英语，听觉模态是主模态；学生看视频，视觉模态是次模态，补充听觉模态，与听觉模态形成协调类非强化关系，因此，颜色、视角、背景化、音乐、音响效果等需要进行考虑、设计。教师的身体模态和空间模态互为补充，如教师的微笑表情、身体移动、手势、与面部朝向、所站立的位置等模态相辅相成。

从对一级节点话语范围的分析发现，在线英语导学内容和在线英语导学设计2个二级节点中，教师对直播环境下在线英语导学设计节点的关注度高于直播环境下在线英语导学内容节点。在直播环境下在线英语导学设计节点中，融合英语口语、音频、视频，教师表情、手势、姿势、站位、空间等多种模态的导学设计受到关注，直播中需要两位教师同时在线——一位主讲，另一位辅学教师在线答疑。另外，导学设计需要基于国家开放大学学习网上的英语资源开展导学，介绍该门课程丰富的网上学习资源、开放云书院APP等导学内容，并且设计同步指引，为学习者自主学习提供学习支架。导学内容的难易和导学顺序设计也是关注点之一。另外，第一堂课的设计尤为重要，需要不厌其烦地推敲细节，以提高学生兴趣（具体见表4-2）。

[①] Courtney B C. A pedagogy of multiliteracies: Designing social futures [J]. Harvard Educational Review, 1996, 66（01）: 60-92.

表4-2 一级节点话语范围及其下属的二、三级节点在Nvivo中的编码参考点数

一级节点	二级节点和编码参考点数	三级节点和编码参考点数
话语范围	在线英语导学内容（25）	梳理难点、重点（9）
		听力、口语的操练（10）
		语法讲解（6）
	在线英语导学设计（39）	直播导学中，融合英语口语、音频、视频、教师表情、手势、姿势、站位等多种模态的设计（10）
		针对国家开放大学学习网上的英语资源开展导学（8）
		直播中，需要一位主讲教师、一位辅学教师同时在线（9）
		所有试点成员共同参与备课（2）
		导学资源设计（2）
		导学内容的难易和导学顺序设计（2）
		学习资源同步指引设计（4）
		第一堂课设计（2）

关于在线英语导学内容节点，学习者对导学内容的期待，由高到低依次为听力、口语的操练，难点重点的梳理以及语法的讲解。从上述分析可以看出，直播环境下，基于多种模态的在线英语导学设计成为在线英语教学的主要关注点，也是本研究的重要问题之一。

从上述分析中可以看出，在线英语学习导学支架的搭建需要关注导学设计，注重口语、图像等多模态因素的结合。

3. 话语基调分析——在线英语教学改革引发师生哪些情感变化？需要哪些情感支持？

一级节点话语基调分为2个二级节点：教师视角和学生视角（具体见表4-3）。在教师视角的2个三级节点中，情感体验的参考节点数高于试点动机，其中，各种情感参考点数从高到低排列为：困惑、忙乱、激情、震撼（感动）。造成困惑的因素主要是教学困境和学习成果展示方面。教学困境涉及下列问题，如："导学，我们希望用翻转课堂的方式，但是如果学生不完成学习任务单上的任务，我们的课堂根本没有办法翻转过来""上

导学课，问学生什么，他完全不懂，他没有去看网上学习资源""有些学生的基础不好，很多基本词汇都不认得"等等。学习成果展示方面的困惑存在于在线教学改革试点结束后期，如在线学习者学习成果展示的方式、时间、展示类型、展示程度等，没有思想准备、找不准在线教学改革定位、资金支持欠缺等也是困惑因素。教学任务重、工作量大和科研压力是造成忙乱的主要原因。激情与震撼（感动）的参考点数近似，认为参加在线教学改革是一种挑战，富有刺激、充实感。在试点动机节点中，认为科研、导学并重的参考点数占首位，教师们认为从教学实践中可以获得宝贵的第一手数据、资料，通过对它们的收集、汇聚、分析，可以深化、发展相关理论，教学与科研相辅相成，不可孤立对待，而以导学为中心，科研先不考虑的参考点数比其略低。

在学生视角节点中，除了相关英语基础、英语兴趣、职业、原学历层次的学情节点人人必须谈及外，学生的学习动机各不相同，其中自我提升、交朋友的参考点数为最多，拿文凭、工作需要两种动机排在其后。在学生的情感体验（或者称之为学业情绪）节点中，满意的参考点数为首位，其次为孤独、懵懂。在线学习方式的评价方面，总体评价挺好的参考点数高于其他各项，认为在线学习后，学习效果有提升，其次是面授与在线学习结合更好。从对在线导学课堂师生交互的看法节点可以知道，在产生疑问的时候，与辅导教师通过直播留言板沟通是使用较多的模态。另外，导学教师随和、亲切，是直播课堂上主动回答问题的唤醒因素。在线与面授的比较，认为适当增加一点面授的参考点数最高，然后为在线比面授好的参考点数。将参加导学的时间和参加导学课堂的主动性（从出勤人数看）两个节点结合起来看，可以发现大多数时候来上课、次次都来上课或者经常上线的约为 11 人；第一学期参加导学视频课的学生数量比第二学期多，是因为学校直播平台可以下载、回看，第二学期投入使用后，导学当天不看直播，而进行回看的学生人数占了 2/3。由此，我们得知在线英语导学教学改革引发师生多方面的情感变化，在改革初期、中期、后期需要不同的情感支持，情感关注重点为初、中期。对导学教师，需为其提供详细的教学设计指导，在制度层面争取一定的时间和资金，缓解导学、辅导教师的困惑和忙乱。而对学生，应在直播环境下的在线导学课堂进行多种模态的协同，唤醒学生的兴趣，调动他们的热情，同时给予足够的学习支持服务，减少学生在线自主学习时的孤独、懵懂情感。

表4-3　一级节点话语基调及其下属的二、三级节点在Nvivo中的编码参考点数

一级节点	二级节点编码参考点数	三级节点编码参考点数	参考点内容举例
话语基调	教师视角(51)	试点动机(14)	以导学为中心，科研先不考虑；科研导学并举
		情感体验(37)	困惑、忙乱、激情、震撼（感动）
	学生视角(186)	情感体验(12)	对参加试点班感到满意，有进步；想学好英语；在线学习情感较淡薄，有孤独感；第一学期懵懂，第二学期清楚
		学情（109）	英语基础；英语兴趣；职业；原学历层次；学习动机以及元认知监控（学习主动性较强；学习主动性不足）
		对在线直播导学方式的评价（13）	在线学习的短处；在线学习后，学习效果有提升；总体评价挺好；面授与在线学习结合更好；在线学习担心刷屏
		在线导学课堂师生交互的看法（16）	课堂回答问题不是特别多；第二学期开展小组讨论活动多一点；与辅导老师的文字交流不够，有疑问时，会打字问一下；导学老师随和、亲切，有主动回答问题的欲望，交流还可以；碰到问题时，有交流
		在线直播课堂与面授课堂的比较（16）	在线学习比面授好；面授比在线学习好，如交流多一点；适当增加一点面授；在解决问题的时候，面授比在线学习模式好
		参加导学的时间（10）	大多数时候来上课；次次都来上课；第二学期比第一学期多；第一学期比第二学期多；几乎没上过课
		参加导学课堂的主动性（从出勤人数看）（10）	参加学生总数情况：第一学期2人，第二学期26人
			经常上线人数11人
			积极互动，认真完成作业人数5~6人
			优秀学员1人
			导学当天不看直播的学生人数约占2/3

4. 话语方式分析——与在线英语学习效果最为相关的交互手段是什么？

一级节点话语方式有6个从属的二级节点，它们的参考点数由高到低排列为：学习任务单、学习设备/学生支持服务（并列）、师生交互、学校直播平台学习感受、QQ导学视频印象。学习任务单节点的参考点数远远高于其他节点，其中，任务清晰、内容简洁的参考点数最高，其次分别是设计友好、任务清单、面向学生并以学生为对象、检查评价、翻转课堂。学习设备节点中，使用台式电脑、手机的人数最多。学生支持服务节点中，班主任、任课老师拨打电话督促、提醒的参考点数最多，其次是"学习任务单的编排也是一种学生支持服务"。学校直播平台学习感受节点中，解决了QQ平台问题、好平台等肯定意见的参考点数占主导地位。关于QQ导学视频印象，有点卡、经常掉线的参考点数高于其他节点。在师生交互节点中，交流不够的参考点数为最高，其后按参考点数从高到低的顺序依次为老师随和；交流还可以，不是特别多；第二学期有小组后讨论多一点；碰到问题时有交流。通过上述分析发现，与在线英语学习效果最为相关的交互手段是学习任务单，它是影响在线英语学习效果的一种重要模态。

（三）多模态话语分析视域下的大学英语在线教学模式研究结论

综上所述，通过实证分析，本研究呈现了基于在线学习模式研究需求所构建框架的问题答案。

从访谈结果分析来看，在线英语学习中，导学视频是重要的学习支架。在在线英语学习模式的情景语境下，除了语言本身的符号系统，与交际活动相关的其他语境因素，如表情、手势、动作、行为和工具性的图画、图像、图形、视频、音频、动画等多个符号系统，以及与情景语境相关的因素，如情感、师生交互行为等，共同参与交际。概括起来，根据对情景语境中话语范围、话语基调和话语方式的质性分析，导学视频课是重要的、必不可少的一个环节。在搭建导学视频支架时，教师需要关注导学内容的教学设计以及最佳模态、模态组合、协同模态等因素的设计。当描述语言情景时，视频、图像形成的协同运用远比语言形象，其既可以增强意义的表现力，也可以更加清楚地表达意义，效果远比仅仅使用语言更好。模态协同以增强效应为原则，相互互补、协调。因此，在搭建在线英语学习导学视频支架时，教师需要熟悉各种模态的特长和优势，在不同英语交际语境中，选择不同意义潜势的模态协同来实现意义体现，更好地达到英语教学目的。

话语基调的质性分析结果表明，在线英语教学改革引发师生多方面的情感变化。在改革初期、中期、后期需要不同的情感支持，情感关注重点为初、中期。研究在线学习模式中教师的情感体验、学生的学业情绪相当重要，这些因素不仅在教学层面、知识层面影响着他们的教学技能、认知能力、学习技能，而且直接在身份认同层面影响师生之间的交互效果和教学质量。针对较为突出的情感因素，在教师层面，如困惑、忙乱导致的沮丧；在学生层面，如懵懂、孤独等，应及时寻找解决办法，提供疏通渠道，提升积极情感，鼓励正面情感，将富有激情的教师吸引到在线教学前台，用正能量留住学生，以减少学生的孤独等消极情感，改变学习习惯，提高在线学习的导学效果。

从话语方式的分析结果得知，与在线英语学习效果最为相关的交互手段是学习任务单，它是影响在线英语学习效果的一种重要模态。面向学习者设计任务清晰、内容简洁、设计友好的学习任务清单尤为重要，同时，容易登录进入、回看、下载、网络顺畅的学校直播平台受到学习者欢迎，他们倾向于参加此类平台上播放的导学课堂。研究中的多模态协同已不局限于表情、手势、视频、音频、动画等多个符号系统，还扩大延展至其他相关因素的协同。此外，鉴于对在线学习者的学情分析，班主任和导学、辅学教师坚持不懈的督促、提醒和人文关怀是减少学生辍学现象的一种有力的支持服务方式。

与相关研究的结果对比分析发现，本书聚焦多模态话语分析视域下的大学英语在线学习模式研究，是教育信息化大背景下开展的外国语言学与教育技术学的跨学科实证研究，具有创新性。但是，在在线英语听说学习支架搭建、多元交互在线教学方法等方面仍然需要进一步深入研究，以期为大学英语在线学习模式改革做出贡献。

第五章　多模态话语分析视域下的大学英语翻转课堂混合式教学研究

信息化时代，教师不是学生获取信息的唯一来源，传统的单一讲授模式会带来诸如被动学习、学习兴趣低下等问题。面向非英语专业学生开设的大学英语课程，其学分压缩的趋势与学生对外语学习的高需求与个性化需求之间的矛盾决定了单一课堂教学已不能满足需求，而2014年之后MOOC热潮的衰退证明单一在线学习模式也存在缺陷。作为对单一模式缺陷的回应，混合式教学即课堂面授与在线学习相结合的教学形式在全球快速发展。翻转课堂是混合式教学的实践方式之一，虽然在实施中还存在一定的不足与缺陷，但是其在教学方面的优点是十分明显的。因此，本章立足于翻转课堂在大学英语教学的运用和对大学英语课程混合式教学基本情况的分析，研究多模态话语分析在大学英语翻转课堂混合式教学中的应用。

一、翻转课堂在大学英语教学中的运用分析

（一）大学英语教学运用翻转课堂的可行性分析

将翻转课堂运用于大学英语教学中，其可行性主要体现在学习方式转变、学生主观条件、物质与师资情况、英语学科教学特点等方面。

1. 学习方式转变：从被动学习转向自主学习

在中小学阶段，受制于应试教育，中小学生知识层面较低、自控能力较差，多以被动学习为主，老师讲、学生学，学生在学习中的主体地位没有得到较好的体现。但是进入大学后，更强调学生的学习自主性，大学生更多地依赖于自主学习而非被动学习。同时，基于大学在教育领域的定位

以及人才培养目标，也需要大学生从过去的被动学习转向自主学习。翻转课堂则能够较好地体现自主学习的精神内涵，帮助大学生适应大学教学模式。从翻转课堂的特点以及大学教育与培养目标来看，翻转课堂适合运用于大学英语教学。

2. 学生主观条件：心智不断成熟

翻转课堂对学生综合水平有较高要求，需要学生学习基础比较牢固，并且能够自我控制。从大学生主观条件来看，随着身心发育的不断成熟，其是非辨认能力与自控能力有了明显提高，这是翻转课堂成功施行的重要心理保障。从学生个人学习意愿来看，随着年龄的增长，大学生更加清楚学习的目的，中小学时期的"学习是为老师、为家长"的偏激思想明显消退，这就增强了学生学习的主动性。此外，大学生拥有的个人可支配时间较多，也提供了时间上的可能。

3. 物质条件：各类素材较为充足

翻转课堂的施行还需要与之相配备的物质基础。在物质条件方面，与中小学相比，大学所能提供的物质条件更加丰富。比如在信息化背景下，每所大学都有自己的局域网，学生可以在寝室、图书馆、多媒体教室等获取相应的学习资源。同时，在3G、4G、5G快速发展的情况下，几乎每位大学生都有互联网终端设备，能够方便翻转课堂的开展。同时，相比于中小学老师，大学老师能够更及时、更系统地掌握翻转课堂的最新理论与实际成果，在一定程度上保障了翻转课堂运用的科学性与先进性。

4. 学科优势：深奥的英语知识点较少

从英语的学科特点来看，英语学习本质是一种第二语言的习得，深奥的理论知识点较少，学习难度并不大。英语学习重点是构建相应的情境，营造交际环境，这恰恰是翻转课堂的优势。在大学英语教学中采用翻转课堂的方式，能够进行分组学习，通过建构各类符合语言学习的情境，营造更好的交际环境。同时，英语学科的素材较多，而且信息技术的更新发展也为课堂教学带来了丰富的素材，各类音频、视频等材料可以通过网络公开收集，素材准备成本相对较小，这有利于降低大学英语教学运用翻转课堂的成本。

（二）大学英语翻转课堂的教学流程

翻转课堂的主要教学阶段包括：课前学习阶段、课堂学习阶段、课后巩固及反思阶段，在这 3 个环节中，又涉及多个具体流程。下面结合笔者教学实践，对大学英语翻转课堂的教学流程进行介绍。

1. 课前学习流程

通过课前学习致力于促进实现学生的自主、协作学习，让学生掌握相应的知识点，并初步进行新旧知识的联系，对本次学习的重点与难点形成清楚的认识。学习素材是课前学习的物质基础，学生现状则是课前学习的前提条件。要保证课前学习取得效果，需要教师准确分析学生状况，并准备必要的恰当的学习素材，在完成这些基础工作后，学生才能真正进行课前学习。基于此，课前学习分为准备与学习两个阶段，其中，准备阶段以教师为主，体现了教师的教学主体地位，而学生的主体地位则主要在学习阶段得以体现。

学习准备环节，应该完成的教学任务为：学生现状分析、教学内容设计、学习素材制作与准备、学习小组划分等。学生现状分析主要是对学生前一阶段的学习任务完成情况进行总结，全面掌握自主学习阶段的学生状态，包括学习兴趣、学习态度，来分析学生由于接受新知识而导致学习状态上的变化。同时，分析学生在新知识学习方面可能面临的问题、困惑等，根据学生现状，以及设定的教学任务来对教学内容进行设计。教学内容包括明确教学目标、安排学生学习任务、分解知识点、梳理重难点、教学效果评价方法等，并编制相应的教案。在这些工作完成后，根据教案收集或制作供学生使用的学习素材，学习素材包括课件、视频、音频、网络试题以及纸质材料等。最后，划分学习小组。学习小组成员一般 3~6 人，采用半民主半集中的方式分组，先由学生自愿组队，教师根据学生自愿组队情况，结合学生的学习基础、性格特征等，对部分组员进行调整，达到"补差补弱"的效果，由学生与教师轮流选举（或指定）小组长。

完成准备工作后，由教师向学生讲解本次学习的内容、目标等事项，学生进入自主学习阶段。按照流程，自主学习又分为个人学习、团队讨论与（或）师生交流、完成课前作业、课前学习总结与成果形成等。通过课外时间，学生能够进行素材学习，同时也可以通过互联网、图书馆等多种

第五章 多模态话语分析视域下的大学英语翻转课堂混合式教学研究

渠道自主补充学习素材。团队成员民主协商团队讨论的时间、地点、形式。在团队学习中，相互介绍学习经验，对于学习过程中遇到的疑惑进行分析，集体讨论，将经集体讨论依然未获得满意答案的知识点列为疑难点，待课堂由教师指点。视课前作业性质，由个人完成或集体完成，如口语交际作业一般需集体完成。在团队学习中，也可以就作业完成情况进行交流，相互答疑。最后，根据课前学习任务安排，形成相应的成果。比如在高教版"面向21世纪课程"《大学英语》二年级（上）第六单元中，有一篇关于著名物理学家霍金（Stephen William Hawking）的文章，教师布置了收集霍金生平的任务，因此霍金生平的收集情况将会作为成果在课堂上予以展示。在课前学习阶段，教师要密切关注学生学习动态，并通过QQ、微信等及时答疑，帮助学生提高自主学习效率。

2. 课堂教学流程

关于翻转课堂的课堂教学结构，目前尚未有统一的标准。国外翻转课堂教学多采用先由学生发言（包括展示课前学习成果、学生或小组代表交流经验与体会、阐明课前学习不明白的知识点等），然后教师点评、总结的流程。笔者在教学中，发现该课堂教学流程并不完全适合我国学生的状况。以往传统教学模式中更多的是采取教师为主导的"填鸭式"教学，学生在学习活动中对教师讲授依然有较高的依赖。因此，笔者适当调整了翻转教学的流程结构，增加了知识讲授环节。具体而言，课堂教学结构流程如下：

学生发言、展示环节。学生或分组代表对课前学习情况进行总结与展示。总结主要侧重于不明白或者容易混淆的知识点，并列出相应的清单。同时，组织不同学习团队之间相互点评。学生团队相互点评侧重于优点与不足，要求言之有物，不要空泛地谈。此外，根据课前学习任务和成果的特点，由各团队民主选出本次课前学习成果的优秀奖、最佳进步奖、最佳创意奖等。

学生发言和成果展示完成后，由教师进行知识讲授。并且基于学生在学习基础、学习能力方面的不一致性，为尽量保证教学覆盖全部的学生，本环节与传统课堂讲授流程相似，但是，经过课堂学习，学生具备了一定的知识基础，而且在课堂前半段已经进行了相应的成果展示，因此课堂教学内容并不是纯粹的"讲"。讲授内容根据在课前学习师生互动以及前面的学生发言与展示中所发现的问题，尤其是学生容易混淆的重难点开展，讲授更有针对性，对于学生基本已经能够理解的知识点，则不深入讲解。知识讲解完成后，一般有5分钟的课堂测试时间。测试方法既包括传统的"老师问、学生答"、发放课堂测验卷等方式，也包括创新的互动学习活动，比如"你问我答""考考你""知识小竞赛"等。最后，由教师进行总结点评，并布置课后学习任务。

3. 课后学习流程

翻转课堂教学中，就课后学习阶段而言，有利于巩固学生的知识掌握。笔者在教学实践中，将课后学习分为学生学习、教师反思两个环节。如已完成计划教学任务，则还要准备下一阶段翻转课堂的相关资料。

课后学生学习旨在进一步增强学生对有关知识的认识与掌握，以有效地在旧知识基础上引入新知识，进而形成有意义的建构。学生课后学习的方式包括：完成教师布置的课程作业、自我练习、参加英语角或者英语社团的相关活动等，其中完成课后作业和自我练习是主要的课后学习方式。课后作业由教师布置，自我练习则由学生自主选择。由于四、六级考试对学生具有重要的意义，学生自我练习多围绕四、六级考试进行。此外，部分对未来职业有一定规划的学生，也会积极参与学校的英语角以及各类英语社团活动，以提高自己的能力。

反思阶段指的是教师对于整个翻转课堂的实施过程进行分析、总结。教学是师生互动的交流过程，通过教学反思，能够及时发现过程中的遗漏与缺陷，总结经验，以提升下一次课堂的教学水平。反思一般包括：本阶段教学取得的成绩、教学中存在的问题、教学改进建议、学生对教学的评价等，同时，还有必要强化个人专业知识的学习，不断提升业务能力。教师进行教学反思后，要准备接下来的教学计划与方案。

教师如已完成既定教学任务，则开展下阶段翻转课堂教学，包括分析学生学习中可能面临的问题、评价在下一阶段学习中学生是否能够接受翻转课堂并准备相应的课前学习素材等。

二、大学英语课程混合式教学的基本情况

（一）混合式教学的分类及实践模式

1. 混合式教学分类

亚当斯（J. Adams）等区分了4种混合式教学的实施模式：①网上资源作为自主学习的一种支持；②网上学习资源与课堂教学相联系；③拥有网络平台，提供学习资料以及便于互动；④面授部分与网上学习活动相辅相成，很好地融合。[1]

还有一类是根据教学设计方法的不同进行划分的，将混合式教学归为三种类型：低强度型混合（指仅在现有的面授课程中加入一些在线的活动）、中强度型混合（指在线活动代替了一部分现有的面授课堂活动）、高强度型混合（指完全重新设计整个课程，使在线和面授更好地融合）。

格雷厄姆（C. R. Graham）等将学校层面的混合式教学的应用分为三个阶段：①意识／探索阶段。其特征在于没有学校机构层面的混合式教学策略，但学校已有推行混合式教学的意识，并给予少数教师探索应用以有限的支持。②采纳／早期应用阶段。以制度的形式去推行混合式教学策略和尝试新的政策和措施，支持混合式教学的实现。③成熟应用／提升阶段。学校具有完善的整体推广策略、治理结构和来自技术环境、教育方法、政策激励等方面的支持。[2]

2. 混合式教学实践模式

混合式教学的基本形式就是在线学习和课堂面授的结合，两种模式的结合方式种类繁多，在实践中也产生了许多应用广泛的模式，如翻转课堂和SPOC（Small Private Online Course，即小规模限制性在线课程）。

翻转课堂，简言之就是把原先在课堂上进行的知识传授等教学活动放到课下由学生自学完成，而原先往往在课下进行的知识巩固、内化等活动

---

[1] ADAMS J, HANESIAK R M, OWSTON R, et al. Blended learning for soft skills development [M]. New York: Institute for Research on Learning Technologies, York University, 2009.

[2] GRAHAM C R, WOODFIELD W, HARRISON J B.A framework for institutional adoption and implementation of blended learning in higher education[J]. The Internet and Higher Education, 2013, 18（S）: 4-14.

则放到课堂上进行。这种教学方法早已有之，很难溯源，但并未得"翻转"之名。美国学者贝克（J. W. Baker）于2000年第11届大学教学国际会议上提出了翻转课堂的概念，以及翻转课堂模型，即课下学生观看教学视频，而课上主要进行讨论、协作、解决问题等活动。2006年，萨拉姆（Salman Khan）将自己的数学教学微视频发布在网上获得了大批的点击量，影响深远，并在后来创立了可汗学院（Khan Academy），其教学微视频对翻转课堂的迅速推广起到了重要作用，使通过教学微视频学习成为学习者广泛使用的学习模式。

SPOC是反思MOOC存在的问题后应运而生的一种教学模式，small是相对于massive而言，规模较MOOC小得多，一般不超500人。private是相对于open而言，指设置限制条件，合格者才能准入。SPOC是融合在线学习与课堂教学的一种混合式教学模式，其教学基本流程是学习者利用MOOC资源或教师提供的教学视频完成课前学习，教师跟踪学生的在线学习过程，发现和收集问题；然后在面授课堂中解决问题，并组织促进知识内化的课堂活动；对学习者的评价反馈贯穿于线上线下的整个教学过程中。2015年4月，教育部发布的《教育部关于加强高等学校在线开放课程建设应用与管理的意见》指出："高校也可选用适合本校需求的其他国内平台以及小规模专有在线课程平台，开展在线开放课程建设和应用……为高校师生和社会学习者提供优质高效的全方位和个性化服务。"[①]目前国内外已有许多高校将SPOC付诸实践。

（二）大学英语课程混合式教学的基本情况

对于大学英语课程混合式教学基本情况的分析，笔者采用访谈法、问卷调查法，以部分高校为例，探究不同层次和不同专业类型高校大学英语混合式教学的现状。访谈对象包括从事信息化外语教学研究的专家、大学英语课程的负责人、大学英语任课教师以及非英语专业学生。信息化外语教学研究专家对于混合式教学有效性的认知具有前瞻性和理论高度，对混

---

① 教育部关于加强高等学校在线开放课程建设应用与管理的意见_中华人民共和国教育部政府门户网站[EB/OL].（2015-04-16）[2021-12-18].http://www.moe.gov.cn/srcsite/A08/S7056/201504/t20150416_189454.html.

合式教学实施的应然态有较好的把握。大学英语课程负责人可以提供院系层面上关于混合式教学实施的信息。大学英语任课教师是混合式教学的执行者,需要了解他们对于大学英语混合式教学的理解。学生是教学服务的对象,需要充分了解学生的感知和期待。

大学英语课程混合式教学基本情况的调查分析具体包括以下几步:第一,根据笔者查阅的大量的文献资料,分析构建出访谈提纲,对部分信息化外语教学研究专家、大学英语课程负责人、大学英语任课教师和非英语专业学生进行半结构式访谈,调查了解大学英语混合式教学实施的现状、教学效果、影响因素等。第二,比照文献资料分析的结果,初步编制调查问卷。

由于篇幅所限,本章不对具体数据采集和分析过程进行阐述,主要针对调查结果进行分析,旨在了解大学英语混合式教学的基本情况,为多模态话语分析在大学英语翻转课堂混合式教学中的应用研究奠定基础。

1. 实施混合式教学的大学英语课程类型

关于实施混合式教学的大学英语课程类型的调查数据显示,通用英语课(即 EGP)占到了 86.8%,也就是说在大学英语课程体系中,混合式教学主要发生在通用英语课上。原因不难理解,一是通用英语课程在大学英语教学中占主流,所有的学校都开设;二是对于大学英语的其他课型很多学校只有面授,没有在线平台。

2. 在线平台类型

混合式教学包括两方面内容:在线学习和课堂面授。在线教学部分的存在意味着会有一个在线空间。60% 实施混合式教学的大学英语课程使用与教材配套的平台。21 世纪初我国开始实施大学英语教学改革,核心就是变"粉笔黑板 + 课本"的模式为"课堂 + 计算机"的模式,由几大外语教材出版社牵头开发大学英语教学平台,并随教材在各高校推广,为大家所熟知和信赖,因此不难理解当下被使用最多的依然是与教材配套的在线平台。

占第二位的是即时通信工具类,如 QQ 群或微信群。作为数字原住民的一代,大多数大学生拥有智能手机、微信或者 QQ。利用 QQ 或微信交流的便利性已经成为共识,但即使如此,也只有不到一半的教师与学生建立了 QQ 群或微信群。

占第三位的平台是在线作业或测试类。这类平台最大的特点是系统自动评分，使教师从繁重的作业批改工作中解放出来。如参与调查的一所高校，使用 ITEST 平台，每学期要求学生完成 10 套大学英语四级考试模拟题（不包括作文），学生做完提交后，系统即时给出每一题的得分以及正确答案。使用"批改网""句酷网"等在线作文批改类平台，也是许多大学英语教师的选择。如一位教师所说"这种改作文的网，问题很多，不能代替老师改，但至少可以先给改改其中的语法错误"。使用其他平台的比例非常低，均不到 20%。E-H 等几类平台都是近 5 年才发展起来的在线平台，在高校应用比例较低。

从对本题的开放式回答中，可以得知有的教师通过"设立公共邮箱"，作为给学生提供学习资源的平台。

本问卷调查为多选题，所有选项的被选频次为 767，而问卷数为 379 份，即参加调查的学生每门大学英语课程平均有 2 个及以上的在线平台。

3. 在线学习地点

关于在线学习的地点和时间，65% 的教师回答学生使用自己的电子设备进行学习，这主要得益于近年移动通信技术的发展，学生的在线学习可以不受时间地点的限制，而能够随时随地进行。罗凌基于移动学习平台对学生的英语写作学习行为进行分析，发现"学生的学习时间呈现全天候的特点"，而地点则是"宿舍、计算机教室、图书馆，以及'在路上'等非传统学习场所"。[1]巴洛（T. Barlow）研究发现学生登录班级博客网址的地点、使用设备多种多样，包括在学校、在家中、在朋友家中等，使用手机或其他移动设备。[2]虽然 65% 的选择率远远高于其他两个选项，但也说明在移动通信如此普及的今天，大学生并没有达到 100% 的移动学习。究其原因，在访谈中笔者得到了一些答案："我们学校规定大一的学生不能把自己的笔记本电脑带到学校，怕电脑玩多了影响学生的学习"，一位 985 高校的教师如是说；"我们的那个平台只有网络版，没有手机版，所以学生使用起来还是有不方便之处"，一位大学英语课程的负责人如是说。另外，21 世纪前后教育部启动教学模式信息化为核心的大学英语教学改革以来，各高校纷纷建立自主学习中心。几乎所有试点院校都建立了自主学习中心，

---

[1] 罗凌. 大学生移动英语写作学习行为研究 [J]. 外语电化教学，2017（02）：33-39.
[2] BARLOW T. Web 2.0：Creating a classroom without walls [J]. Teaching Science, 2008（01）：46-48.

还有更多的高校正参加到这项史无前例的硬件大建设中来。其共同特点是运用数量不等的计算机、主控台和用于监控学生学习活动的工作室；多使用网络课程学生自主学习平台（如《大学体验英语》《新时代交互英语》《新视野大学英语》和全新版《大学英语》教材的网络版），而且主要进行听说训练。但随着移动技术的普及，这些学习中心的局限性逐渐显现，存在设备陈旧、故障率高、维修不及时、软件更新速度慢，以及所提供的学习资源更新较为滞后的问题，缺乏系统的、科学的教学设计，因此利用率趋低。A、B两个选项为排他性选项，也就是说自主学习中心只有35%左右的利用率。正如访谈中一位大学英语课程负责人所说的"自主学习中心现在都是半废弃的状态，很少用，很浪费"，这个问题具有普遍性，值得思考。学界对此已有一些研究，如江晓丽提出学校的自主学习中心应发挥学习元平台的功能，教师通过构建学习元平台引导学生自主学习，学生通过个性化自主学习完成学习过程。[1] 总之，移动学习环境的发展必将削弱各高校自主学习中心的"领导"地位，但各高校可以根据实际情况将其变为学生自主学习的场所之一，充分发挥其作用。

4. 在线学习内容

统计结果表明，在线学习的内容具有"多任务"的特点，其中排在前两位且超过半数的是进行听力练习和写作练习。这一结果与第一题、第二题的统计结果有一致性，也与大学英语课程的性质有关。《大学英语课程教学要求》（2007版）指出大学英语课程"以英语语言知识与应用技能、跨文化交际和学习策略为主要内容"，而《大学英语教学指南》指出大学英语课程"兼有工具性和人文性双重性质"。可见语言技能培养是大学英语课程的主要任务之一，在线内容也与所使用的平台的功能有关。

5. 主导模式

主导模式由模式时长比例和内容分配决定。学习者在哪种模式下花的时间长，且整个课程教学过程由哪个模式引领，哪种模式就是主导模式。教学内容的组织与协商发生在哪个模式下，哪个模式就是主导模式。课堂面授频次情况的调查结果显示，大约一半的学校大学英语课程的面授频次

---

[1] 江晓丽. 泛在学习理念下外语自主学习中心建设研究——基于国内外相关研究的分析[J]. 外语电化教学，2016（03）：28-33.

为一周四课时,而根据在线学习时长要求情况,要求学生一周在线学习两学时的仅为15%左右,呈现出在线学习频次越高,比例越低的样貌。同时,从在线学习时长要求情况显示来看,对在线学习的时间要求,占前两位的选项都属于不规定时长,是按任务来考核或没有任何要求,这意味着教学的组织与协商必定是发生在面授中的。综合起来可以得出结论,大学英语课程的混合式教学都是基于课堂面授的,以课堂面授为主导和引领的。

6. 混合类型

关于大学英语课程混合式教学的类型,对混合模式的分类最常用的划分是根据课堂学习的功能和任务由在线模式所代替的程度,通常可划分为添加型、混合型、翻转型。

7. 教学评价形式

关于大学英语课程混合式教学的教学评价情况,排除最后一个开放式选项,前7个选项的频次相加为1448,即平均每位教师使用3.8种教学评价形式。排前三位的分别是课堂参与、书面作业和期末考试。课堂参与和书面作业都属于形成性评价的范畴,说明大学英语混合式教学基本做到了形成性评价与终结性评价相结合。形成性评价中评价主体包括教师、学生个人和同伴三方,而统计结果显示,进行学生自评和互评的比例仅为7%左右(见图5-1)。

根据最后一个开放式选项的回答,参加调查的教师还经常使用的评价形式包括口语测试、出勤、课程论文,以及基于项目的个人或小组汇报(PBL)。

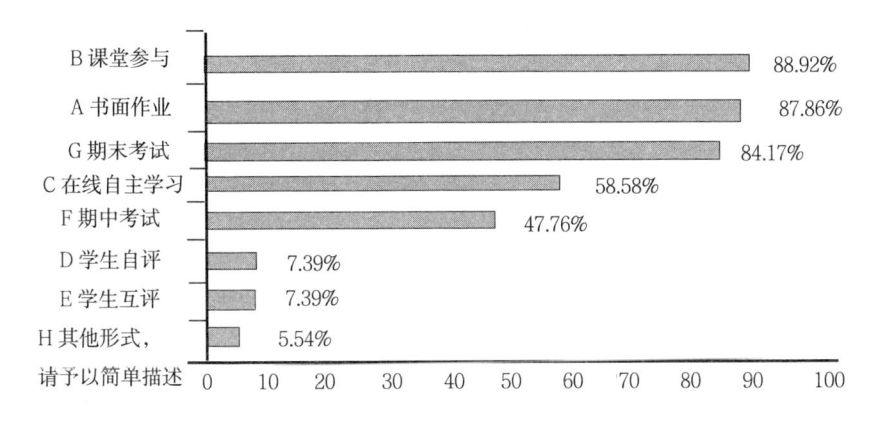

形式	百分比
B 课堂参与	88.92%
A 书面作业	87.86%
G 期末考试	84.17%
C 在线自主学习	58.58%
F 期中考试	47.76%
D 学生自评	7.39%
E 学生互评	7.39%
H 其他形式，请予以简单描述	5.54%

图5-1 教学评价形式情况

8. 教师接受培训情况

如图 5-2 所示，42.74%（$n=162$）的被试教师接受过混合式教学培训，未接受过培训的比例为 57.26%（$n=217$）。后面将进一步分析接受培训与否与实施有效教学行为的情况是否相关。

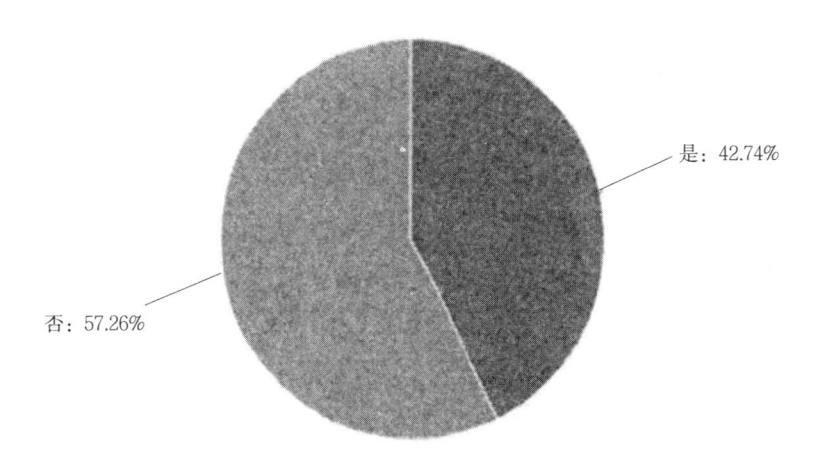

是：42.74%
否：57.26%

图5-2 教师是否接受过相关培训情况

通过上述调查，得知了实施混合式教学的大学英语课程类型、在线平台的类型、在线学习的地方与方式、在线与面授的功能分配情况、混合式教学的类型、教学评价的形式、教师接受混合式教学培训的情况。在大学英语课程中，混合式教学主要应用于通用英语（EGP）课型。被试教师平均使用两个及以上的在线平台，种类不一，使用最多的前三类分别是教材所属出版社的、与教材配套的平台；即时通信工具类，如QQ群或微信群；在线作业或测试类。多数学生使用自己的电子设备进行在线自主学习。在线学习的内容具有"多任务"的特点，排在前两位的是进行听力练习和写作练习。所有的大学英语课程的混合式教学都是以课堂面授为主导和引领的，多数教师把在线学习仅作为补充和辅助，课堂面授不受影响。教师采用形成性评价和终结性评价相结合的评价形式，排在前三位的分别是课堂参与、书面作业和期末考试，较少使用学生自评和同伴互评。半数以上的大学英语教师接受过混合式教学的相关培训。

三、多模态话语分析在大学英语翻转课堂混合式教学中的应用

（一）翻转课堂在大学英语多模态教学中的应用价值

根据前文所述，虽然在混合类型选择上，教师选择翻转课堂教学模式的仅占17.41%，但是翻转课堂在大学英语教学中的应用价值是十分明显的，具体如下。

1. 针对性增强

在高校英语教学中使用翻转课堂可以提高英语听力教学的效果。传统的教学模式中，英语听力部分主要是教师放录音，学生来听，在经过反复的收听录音中提升学生的听力水平。但是往往学生在训练的过程中会感觉到十分乏味无趣，而且这样进行听力训练浪费了大量的时间，教学效果也十分不理想。传统的听力教学往往对学生的基础要求很高，很多学生会因为跟不上听力的进度而导致跟不上教学的进度，当学生跟不上进度时，时间一长就会导致对英语学习失去兴趣。翻转课堂的教学模式应用改变了这种现状，学生可以通过网络平台来让学生进行听力知识的学习，而且学生可以利用课下的时间来进行自主学习。对于那些基础比较差的学生，可以根据自己的情况来进行听力内容的选择。在进行听力练习的过程中，学生也可以根据自己的实际情况来制订学习的进度，如果学生的基础相对比较差，那么可以多听多练，如果学生的基础比较好，则可以通过选择难度比较大的材料来提升自己的听力水平。利用翻转课堂的教学模式可以使得不

同英语基础的学生都能够得到相应的提升，而且在此过程中也能够通过学习意识到自己在英语学习中存在的不足之处，而且通过平台可以有针对性地加强学习，进而达到提升学习效果的目的。

2. 互动性增强

在高校英语教学中使用翻转课堂可以使学生真正地成为学习的主人，让学生可以完全进行自主学习。学生可以在教学平台之中自主地去选择相应的学习内容，而且在平台上可以与教师随时随地进行交流，并不受到时间和空间的限制。在翻转课堂应用的过程中教师扮演的角色是指导者，当学生遇见学习困难时可以与教师交流，教师进行指导，通过这种交流的方式学生提升得更快。而且这样的互动可以提高学生的积极性和主动性，学生与教师交流的过程也是主动思考的过程，学生的思维能力和判断性也会得到相应的增强，能够更好地完善学生的知识结构，进而达到好的学习效果。

3. 教学资源更加丰富

翻转课堂教学模式能够丰富教学资源，而且学生使用的教学资源也相对公平一些，学生学习内容可以自主选择，充分体现了公平性。在传统的高校英语教学模式中，好的教学资源其实应用的范围是相当有限的，有些好的学校教学资源非常好，而相对差一点的学校或者地域偏僻一点的学校则资源就相对差一些了。由于教育资源的不平均，会致使一些学校因为没有优秀的教学资源而不能很好地提升教学水平。翻转课堂的应用改变了这一现状，高校可以应用平台内容丰富自己的教学资源，学生也能更大范围地进行英语知识的学习。教师在教学中可以运用比较先进的教学方法和教学资源给学生更大的提升。

（二）多模态话语分析在大学英语翻转课堂混合式教学中的应用

多模态具有聚集多种模态的共用特征的优势，它可以充分利用现代科技发展出来的所有新媒体来参与交际过程，进行即时传递，也可以使信息全方位地传递。多模态交际在翻转课堂中的混合式应用，提高了教与学的系统性和整体性。

笔者试图从多模态话语分析的综合框架着手，分课前、课中、课后三个阶段，结合大学英语翻转课堂混合式教学在教学环境、教学条件、教学程序、教学内容、教学方法和教学手段等方面的特点，探讨如何在翻转课堂中构建多模态话语分析。

1. 课前

混合式教学模式顾名思义，就是将几种教学模式结合起来共同运用于教学实践中。高校英语课程可采用把 MOOC 或微课和翻转课堂教学相结合的混合式教学模式。微课是根据新课程标准，结合课堂教学实际，以教学视频为主要形式，记录教师在课堂教学中针对教学环节或某个知识点而开发的教与学活动。① 微课精致的讲解和多模态交际有助于学生在课前更好地完成语言知识输入。②

文化层面包括文化的存在形式、意识形态、话语模式的体裁结构。教师制作微视频前，根据主题内容，整合出重要的语言知识和文化技能，为微课制作提供素材。文化层面和语境层面是系统和实例的关系。③ 教师根据课文选题，做成一个 10～15 分钟的集图片、动画、声音、画面、讲解和知识于一体的微课视频。在此语境中，模态的变化主要表现在话语方式中，通过动作、手势、身势、行动等和工具性的图像、动画等，将参与交际的符号系统从语境转化为模态，体现符号的交际意义。教师在制作和设计时，通过视觉、听觉等多模态的形式层面，以背景颜色和文字的字体、大小、颜色等因素为载体，来吸引学生的兴趣。在此过程中，教师以微课的形式，针对某个学科知识点（如重点、难点等），采取相应的教学环节（如活动、实验等），设计开发一种情景化的教学视频，支持多种学习方式，如移动学习、自主学习、合作学习等。

2. 课中

在大数据的全面开放下，翻转课堂基于网络自主学习平台，倡导自主创新、个性化学习和兼容并包的理念，具有强烈的时代特征。在导入环节当中，根据教学目标，教师可以安排学生了解与学习主题相关的政治、经济、

---

① 胡铁生，黄明燕，李民. 我国微课发展的三个阶段及其启示[J]. 远程教育杂志，2013，31(04)：36-42.

② 应春艳. 基于MOOC的大学英语教学对高等教育教材出版的启示[J]. 科技与出版，2015(09)：111-116.

③ Edited by HALLIDAY M A K. Construing experience through meaning: a language-based approach to cognition 2-1 [M].London: continuum, 1999: 36.

第五章 多模态话语分析视域下的大学英语翻转课堂混合式教学研究

文化背景,利用网络和其他渠道收集相关图片、音频和视频等展示给学生,从而对课文主题内容有更深入的了解;针对课文主题中有争议的话题,教师可以让学生进行正反辩论,培养学生的交际能力;或学生根据兴趣和能力,独立或是合作完成课堂相关的学习任务;或采取编写读书报告、情景模拟对话、role-play 等形式。

教师的核心内容讲解分为三个阶段。第一阶段是学生开展组内协作完成小组任务,教师可以在课前布置任务,让学生课前学习微视频,使学生对课文有一个整体理解,并在课上检查课前学习效果。第二阶段实施教师点评、小组汇报与交流,在这个教学环节,为了可以给学生提供参与多模态构建实践的机会,教师通过设计包含文字、图片、音频等多模态的 PPT 课件进行授课;将学生分成 3~6 人的学习小组,要求学生在课外查找、选择和阅读相关文献,合作编写 PPT 课件并进行课堂展示,提高学生的创造力、合作解决问题的能力和口头表达能力,演示的课件与课堂展示作为平时成绩的一部分纳入课程总评考核;此外,插入到这个环节当中,依据任务型教学,授课教师可以给学生设定和教学内容相关的课堂作业,学生可以展开讨论,两两练习,全班交流,表达自己的思维方法。第三阶段教师复述或总结、补充、答疑学生提出的问题并布置作业,用 PPT 同台展示所说内容,使学生巩固知识;教师对各小组讨论问题的表现和解决问题的方法、能力和答案做简要的点评,可以用口语、书面语、手势语几种不同的模态进行,整合多种教学资源,特别注重 PPT、图片、文字、教师讲解等多种模态之间的协同合作,有效调动学生的多元智能。

教学和学习任务是由教师和学生的一系列行为和行动实现的,如话语、书面语、动作、PPT、黑板、教具等。实际上,这些行为和行动都进行着意义交流。"每个符号系统最终体现的都是意义。所有的行为、行动都成为体现意义的形式和媒介。"[①] 同时,它们不是任意无序的发展,而是按照体裁结构潜势确定的阶段和步骤,形成课堂教学的体裁结构。它们分别在交

---

① HALLIDAY M A K. Language as social semiotic: the social interpretation of language and meaning [M]. London: Edward Arnold Ltd., 1978:59.

际过程中由不同的符号系统和媒体系统来体现,成为多模态话语。①

3. 课后

为了提升学生学习的主动性,在翻转课堂的课后阶段,教师根据学生反映的理解不到位的重难疑点设置网络平台,让学生完成相关的在线测试活动。学生完成情况若未能达到教师的要求,系统就会结合学生出现的问题自动提供相关的视频材料,并就学生的作业完成情况进行评价。为了及时掌握学生学习中存在的问题,让学生在有限的时间内进行矫正性学习,教师要将其学习中存在的问题进行梳理、归类,把握主要问题,帮助和引导学生。

---

① 张德禄. 多模态话语的文化语境——社会符号学视角[J]. 天津外国语大学学报, 2016, 23(06): 1-7, 78.

第六章　多模态话语分析视域下的大学英语对话教学研究

　　对话思想由来已久，中国的孔子和西方的苏格拉底等著名思想家均通过对话来探求真知。当今时代，不论是国家、民族之间，还是组织、个体之间，人们日益提倡平等交往与真诚对话，对话已成为人们在各种领域实现沟通、解决冲突的有效方式。可以说，人类正在步入一个对话时代，普遍将对话视为生存、生活、发展状态。在教育领域，人们顺应时代发展的趋势，将新的精神内涵赋予对话教学可谓正当其时。网络时代，多模态教学方式的应用为大学英语对话教学提供了有利的教学条件。

　　多模态对话教学要确立在学生对英语的知识掌握有一定的基础上，是构建课改下高效课堂的重要组成部分。语言能力是英语学科核心素养的重要内容，英语对话教学是强化学生英语理解与表达能力的重要途径。从英语学习中，引导学生想说、能说、会说英语，特别是结合学生生活化语言情境，从所学词汇和句式中表达想法，实现英语的感知、理解、朗读、探究、内化、自主运用。假设其中的听、说、读、写、玩、演、视听和多模态教学中的视觉模态、听觉模态、触觉模态和情境模态实现有机结合，就可以发挥多模态教学的作用，达到在对话教学过程中提高学生的语言能力和语言素养的目的。

　　本章立足于人本主义教学观，以多模态视角下的大学英语口语教学为例，探讨多模态话语分析如何促进大学英语对话教学的发展。

一、大学英语对话教学的内涵特征及实践形态

（一）大学英语对话教学的内涵特征

1. "对话"的含义

英语中的"对话"（dialogue）一词起源于希腊词汇"dialogos"，"logos"的意思是"词"（the word），或者按照我们的理解来说它代表着"词的意义"（meaning of the word）。dia 的意思不是"两个"（two），而是"穿越"（through）[①]。因此，对话不仅仅局限在两个人之间，它可以在任何数量的人中进行。甚至就一个人来说，只要他保持对话的思维和精髓，就可以与自己进行对话。戴维·伯姆（David Bohm）认为对话就像是一条流淌于人们之间的意义溪流，它使所有参加对话的人们都能够分享到这一溪流，并因此能够在群体中萌生新的理解与共识。而对话的目的在于对思维的全部过程进行探索，进而改变人类在集体中的思维进程和方式。[②]

2. "对话式教学"的含义

当代巴西教育家保罗·弗莱雷（Paulo Freire）是将对话引入教育的重要人物之一。他认为对话作为一种教育原则，从简单意义上讲，强调的是师生的平等交流与知识共建；从深层的意义上讲，它挑战了我们关于师生关系、知识本质，以及学习本质等方面的思维成见、定见与主观认定。[③]马丁·布伯（Martin Buber）认为对话式教学中"教与学的关系不是一种远距离的'我—他'关系，而是一种近距离的'我—你'关系"。"对话式"教学是指体现对话精神，以对话为原则的教学，在这种真正的对话教学情景中，师生双方都以整体、独特的形式而存在，基于相互尊重，信仰和平等的立场，共同探究问题，在各自做出个性化和创造性的理解后，通过对话、沟通和交流最终达成一定的默契。进一步讲，对话式教学就是追求人性化和创造性的教学。[④]

[①] 戴维·伯姆. 论对话[M]. 王松涛, 译. 北京：教育科学出版社, 2004：6.
[②] 戴维·伯姆. 论对话[M]. 王松涛, 译. 北京：教育科学出版社, 2004：6.
[③] 戴维·伯姆. 论对话[M]. 王松涛, 译. 北京：教育科学出版社, 2004：9.
[④] 马丁·布伯. 我与你[M]. 陈维纲, 译. 北京：生活·读书·新知三联书店, 2002：17.

3. "对话式教学"的特征

在"对话式教学"过程中，没有任何的观点是完全正确的，也没有人试图征服或说服其他人，更没有人会强求别人接受自己的观点。相反，通过"对话式教学"，教师和学生能发现对方或自己身上的问题和错误，从而使每个人都从中受益，这是一种教学"双赢"的状态，它无须在你我间分出高低或输赢。在"对话式教学"的过程中，每个参与者都不是对立的，而是相互合作的，人人都是受益者。这种对话式教学，强调教师、学生、文本都是独立的个体，注重教师、学生、文本间的沟通、交流与互动，它主要包括师本对话、生本对话、师生对话和生生对话。教学与对话是紧密联系的。发生在教学过程和教学情境中的对话，我们称之为"教学对话"，在广义上，它存在于自古至今的教学过程中。总结历史，我们可以发现，教学对话具有方法和原则的双重性质。[①]作为教学方法的对话意味着将对话作为达到教学目的的一种途径，着重指对话方式在教学中的应用，带着对话意识的怀疑、提问、问答等是具体的对话活动。英语是一门工具性和人文性的学科，因此，大学英语课不应仅仅是提供知识，还应是师生运用各自的经验、情感、价值观和创造力等来从事意义创造和分享的过程。要形成这种真正的交流与交往，其主要方式就是对话。作为教学原则的对话是着重体现现代对话精神的教学，它首先意味着教学从知识的传授走向知识的建构，追求教学的创造性质；其次意味着师生关系人性化，只有平等、民主、对话的师生关系才是真正符合人性的师生关系。这里的对话，不仅是指师生双方的语言交谈，而且指师生双方各自向对方的精神敞开和彼此接纳，是一种真正意义上的精神平等与沟通。对话不仅是一种言谈和倾听的教育方式，也是一种教育背景：教育双方主动积极地创造平等和谐的氛围，充分展示各自的才能和潜力，真诚参与合作，通过双向和多向对话，提出并讨论问题。

对话式英语教学的教育者帮助受教育者理解自我、超越自我，追求英语的精髓，追求英语真正的使用价值。通过对话可以发现、展示与把握英语的魅力，对话中显示着知识又超越了知识。因此，我们认为大学英语教

[①] 刘庆昌. 对话教学初论[J]. 课程·教材·教法，2001（12）：23.

学中的对话不仅仅限于一种达到教学目的的方法手段，它更加应该成为一种教学原则，让师生在这样的教学中获得一种民主平等的"对话意识"和"对话精神"。

4. 对话教学与英语对话教学

英语对话教学作为学科类的对话教学，具有对话教学的一般特征：平等民主、自由开放、互动交往、合作发展、创造生成、倾听关爱、以人为本。从英语学科的角度看，英语对话教学更具有英语学科教学的特征。

（1）内容的文化性

英语课堂上除了对英语的学习外，还有对英语国家的文化的学习。学生在掌握英语知识的同时，也了解到英语对象国的民族文化，对开阔学生的视野、提高综合素质有深远的影响。如在人教版英语必修三的UNIT 1 "Festival around the world"的学习中，除了教师讲授课文中出现的国家的节日之外，在教师与学生、学生与学生之间的对话中也可以获取更多的关于国外的节日文化知识，对话教学中主体间的互动交往丰富了课堂内容，也丰富了师生的知识储备量，发展了他们的跨文化交流的意识和能力，更加强了师生、生生的交流与合作。

（2）学科间的关联性

英语虽然是一门语言学科，但是与其他学科间却有着千丝万缕的关系，因为语言不可能离开现实世界而存在，语言作为表达自我和世界的一个载体，必然与客观世界紧密相连，英语学科也与其他学科密不可分。任何知识都是以其他知识为基础同时也是其他知识的基础，英语语言学习势必涉及文化、宗教、地理等学科，学科间相互影响、相互关联，如在人教版英语必修三的UNIT 5 "Canada——The True North"中，将英语学科与地理学科结合起来。英语对话教学涉及其他学科的知识，对教师的综合素质要求更高，也拓宽了师生、生生沟通的范围。

（3）情境还原生活性

英语对话教学中对话存在于生活的各个方面，而不仅是在课堂中。任何话题都是源于生活的，因而也能回归到生活中去。理想的英语对话教学的效果是任何场景下都能让学生脱口而出的，是曾经出现在课堂中的话语，就像生活中遇到惊讶的事情人们能脱口喊出"Oh，my God"一样常见。当学生能在生活常见的场景中第一反应用英语进行表达时，那么他（她）的思维基本已经被英语化了。现实生活中的场景不可能全部出现在课本和课堂中，但是在课本和课堂中学习的内容却代表着生活中的事件、现象、文化，学生可以通过对这些的学习以小见大，融会贯通到生活中，教师也应该创设更多与生活中相关的生动活泼的情景，让学生在对话中实现理解社会现象、了解世界文化的目标。

5. 对话教学与互动教学

对话教学与互动教学的主要区别在于"对话"与"互动"的定义。"对话"的定义前文已陈述，"互动"是指相互作用、相互影响。互动性是对话教学的基本特征之一，但对话教学和互动教学两者并不相同。互动教学的方式不一定是对话，还可能是活动等，而对话教学一定是在对话中进行的。另外互动教学强调的是两个或两个以上人物或事物之间相互作用和相互影响，互动教学中无法实现互动双方的自我反思，而这点正是对话教学的优势之一。对话教学中除了对话的双方在相互影响、相互作用，对话者自身也可以与自我对话，以实现自我检查、自我反思。对话教学与互动教学是两种相似但不同的教学方式，各有优点和缺点，对话教学强调自我对话，互动教学不仅限于对话、还可以通过活动等进行，在平时教学中，教师可以同时运用这两种教学方式，取长补短，以达到最好的教学效果。

6. 英语对话教学的含义及核心观点

英语对话教学是对话教学在英语学科中的运用，因此对话教学的含义也适用于英语对话教学，即英语对话教学是在英语教学中师生以及文本之间通过交流与沟通实现英语教学目标的教学方式，具体来讲是在教师的引导下，学生主动以"对话"为方式（包括学生自我对话、师生对话、生生对话、生本对话等）进行英语学习以掌握英语学习技能和与人交流沟通的能力。英语对话教学从目的观、过程观、评价观以及师生观等方面有以下核心观点。

（1）英语对话教学的目的观

20世纪五六十年代马斯洛（Abraham Harold Maslow）和罗杰斯在美国最先创立了人本主义心理学。在人本主义心理学发展的基础之上，他们继续将研究进一步拓展到了教育教学领域，随后形成了建立在人本主义心理学基础之上的人本主义学习理论和人本主义教学观。杨同乐指出，人本主义教学观是在人本主义学习理论的基础之上形成并发展起来的，人本主义理论扩展到教育学领域之后形成了一种全新的教学观，即人本主义教学观，人本主义教学观极大地冲击了我国的传统教学，同时，也促进了我国教育教学领域的进一步发展。[①]人本主义教学观强调教师应该重视发挥学生的主体性，创造条件培养学生学习的主动性，让学生成为课堂的主人，教学要做到能够使学生积极主动地发表自己的观点和想法，并成为教学的主体。

课堂是师生交往的主要场所，教学是师生互动的基本方式。英语对话教学作为英语学科的教学方式首先应该为英语课堂服务，需要强调的是英语对话教学作为对话教学中语言学科的教学方式应当符合对话教学的基本理念——以人为本，即英语对话教学不仅是手段，更是目的。换言之，英语对话教学既要为英语课堂服务，为师生的进步服务，更应该成为一种师生、文本交往的生存方式，而并非为了对话而对话。只有将对话内化，教师与学生在对话过程中双向地进行教与被教，英语对话教学才有可能实现它指引师生教学相长的目的。

（2）英语对话教学的过程观

对话的过程是一个对话主体双方的视界融合过程。视界融合的结果是一种主体双方认知结构的不断改组与重建，这一过程不可能是某种预定知识的复制与客观再现，而是新知识与理念的产生与创造。英语对话教学过程是师生之间人际交往的过程，是教师与学生、学生与学生之间沟通和理解的过程，而不仅仅是师生用英语会话那样机械和简单。在我国现代基础教育中，英语课堂中有以下几种基本课型：听说课、读写课、语法课、复习课和评讲课，现存的误区是英语对话教学主要在听说课和读写中实施，而很难在其他课型中出现。这种误区最根本的错误在于将英语对话教学狭义地理解为英语会话，将英语对话教学片面地视为英语课堂教学的手段，而完全忽视了它作为目的的本质。英语对话教学在英语课堂中应是师生、生生交往的主要方式，不仅仅是为了掌握英语这门语言的学习技巧，而是任何课型中都应该和必须出现的，在这种交往中师生都得到思想上的吸引、碰撞乃至升华。因此，英语对话教学的过程是教师、学生、文本之间相互对话、相互沟通理解的过程，

---

① 杨同乐. 试论人本主义教学理论 [J]. 山西农经，2016（08）：116-117.

对话的内容不仅限于课本知识，还应有师生个体的经验。

（3）英语对话教学的评价观

英语对话教学关注学生英语的语言表达能力、思维方式培养、人际沟通理解能力等全面整体发展。除了全面评价知识与技能、过程与方法、情感态度与价值这三个维度方面，还应着重评价学生的对话意识、对话能力和对话理性的发展。英语对话教学的评价主张对话过程与对话结果、自评与他评的协同评价，这是一个走向理解的评价方式，英语对话教学在课堂中的评价不再局限于质和量的评价，而是改变过去评价者与被评价者的地位与身份，评价者不再是高高在上的权威判断者，被评价者也有权评价，双方身份可以互换，在这种双向评价中一同进步。而在英语对话教学中的课堂评价也不是简单的评语或者评级，而是能根据具体情况在整理分析信息的基础上提出有益于提高教学质量、完善学生整体发展的建设性意见。

（4）英语对话教学的师生观

语言学科不同于数理化等学科，它具有工具性和人文性双重属性，而英语作为一门外语语言学科，更具有知识上的不可创造性的特点，师生对英语的认知能力不对等，这就要求教师在英语对话教学中处于引导地位。英语的学习如同汪洋中的一个小岛，要想到达岛上，要么需要借助船要么学会游泳，而教师就是载人的船或者教人游泳的师傅。教师虽是引导者，但英语对话教学中教师与学生是平等的关系，这是对话存在的根本前提。没有人把警官审问犯人的过程称为对话，同样地在课堂中如果只有教师一方掌握话语权，学生只能安静地听或者回答教师的提问，那么这样的课堂并没有英语对话教学的存在。作为对话者，师生双方都是独特的、个性的、完整的人，在英语对话教学中师生的交往应是个体在心灵、灵魂中的相遇、合作、创造，双方真诚地接纳、进入对方的世界。

（二）英语对话教学的实践形态

英语对话教学主要有三种类型：一是主体间性对话，主要指人与人之间的对话，包括师生对话、生生对话等；二是理解性对话，主要指人与文本的对话，包括教师与文本的对话、学生与文本的对话等；三是反思性对话，主要指师生的自我对话。实际上，这三种对话密切联系，相互渗透，构成了一个多极的对话场。笔者以教师为出发点和归宿,从主体间性对话、理解性对话、反思性对话三个维度来分析英语对话教学的实践形态。

1. 主体间性对话

(1)教师与学生的对话

在整个教学过程中,教师的主导作用和学生的主体作用的发挥都是极其重要的,它们直接影响到教学效果。而教师和学生在教学过程中不是独立的个体,而是相互作用的整体。师生关系融洽、配合默契将会提高英语课堂教学效率,活跃课堂气氛,激发学生的英语学习兴趣。那么,如何才能培养和谐良好的师生关系呢?笔者认为,科学性、人性化的对话教学模式将会起到一定作用。具体方式如下。

①课上对话

情感体验是教学动力机制生成的必要前提。"情感是人对客观事物的一种态度,反映着客观事物与人的需要之间的关系。"[1]大学生在英语学习过程中会有各种各样的情感,有的表现出喜欢,有的表现出反感,甚至拒绝,而学生积极的学习态度是英语教学成功的关键。情感之所以重要,因为它是学习的发动机,再好的机器,若不发动起来,便是一堆废物。情感的作用如果发挥得好,可以启动学能,调动学习积极性,解决学习过程中的心理和思想问题。首先是教师与成绩优异同学的对话。这类学生通常自身有一种优越感,觉得自己成绩好,与教师关系较近,所以教师不用刻意对他们进行太多鼓励性的对话,只需在课堂提问时经常对其发问、与其对话,并给予赞许,让他们树立良好的榜样。其次,对于成绩中等的学生,教师应适当给予鼓励性话语,促进其积极发言,充分给予表扬,激励其向成绩好的同学看齐,并带动成绩较差的同学。最后,对于成绩较差的学生,教师应时刻关注这类学生的课堂表现,多与其对话,对其进行提问,吸引其注意力。如果学生无法正确回答教师提出的问题,教师则必须通过引导和暗示尽量让学生顺利回答问题,并给予肯定,使其保持学习的积极性,获得成功感和高峰体验。教师在整个授课过程中,只有不断与学生对话交流,才能了解学生是否跟得上自己授课的步伐、是否理解自己教授的内容,

---

[1] 伍棠棣,李伯泰,吴福元. 心理学[M]. 北京:人民教育出版社,1996:65.

并对讲课速度及时进行适当调整，保证大多数学生的听课效率。与传统大学英语教学相比，对话式教学还要求教师不断启发学生、教会学生如何发现问题并主动提问以获取答案。通过这种方式，能使学生对问题的记忆更加深刻，逐步培养发现问题的能力，并产生主体感，认识到自己在课堂中的重要作用。作为教师，应该坚信每位学生都是天才，都有他突出的方面。教师需要通过观察与对话掌握每位学生的特点，并为其创造时机供其展示自己、获得表扬，使每位学生都有高峰体验和成就感，增加学生英语学习的兴趣和动力。

②课后对话

课下师生的对话将会对学生在课上配合好教师的教学起到一定促进作用。在课上，教师与学生有着师生关系的明显界限，教师与学生的对话受到一定的约束与限制。而在课下，师生关系相对融洽，界限相对缓和，教师应充分利用这些时间与学生进行对话。课下与学生用英语对话有几点好处：首先，能锻炼学生较为实用的口语，并使其认识到学习英语的最终目的是为了交际，从而端正其学习动机；其次，能发现学生在课上学习英语时遇到的方法上的问题，并给予帮助，使学生掌握正确、有效的学习方法；再次，能了解学生的个性特点或特长，以便教师在课上充分发挥其优势，增强学生学好英语的信心；最后，通过交流能增加师生间的感情，学生会在课上更加配合教师的授课。特别是针对英语成绩不好和英语学习积极性较差的学生，要多与其对话，关心他们、了解他们，让他们感觉到教师对他们的关心和照顾。只有这样，这些学生才会尽力地好好学习英语，维护师生间的良好感情。这些学生成绩进步往往较慢，但在其努力过程的每个阶段中，教师都应给其以肯定与表扬，为其打气，促进其形成"良性循环"的学习效果，这种以个人关系来促进学生英语学习的效果十分明显。

③心灵对话

以上所述均为师生间具体的对话，除此之外还有心灵的对话。在学生无法回答出教师的问题时，教师鼓励的目光将会使其不自觉地产生一种渴望想出答案的心理；在学生答出问题后，教师赞许的目光也会使学生内心充满被肯定的喜悦和满足；在学生走神时，教师严厉的一瞥会使学生立刻集中注意力重新进入到课堂中来。同理，教师也能从学生那里得到一些信息：

在教师提问后,躲避的眼神预示着学生不会回答这个问题;渴望的眼神暗示着这个学生希望有机会回答这个问题,学生极其兴奋表明他们喜欢这堂课;表现得沉闷则提醒教师需要活跃一下课堂气氛。

教师作为课堂的主导者,他们的情绪将直接影响到课堂上学生学习的情绪。学生对教师的情绪通常是十分敏感的。因此,教师不应把消极的个人情绪带入课堂。无论发生什么事,只要教师走进教室就应该立刻调整好自己,以饱满的精神、愉悦的心情投入到课堂教学中来,以自身的积极状态感染学生,促进学生的学习热情,提高学生的学习效率,缓冲学生的学习压力,使学生更快乐地学习。

(2)学生间的对话

在集体中,集体思维的力量要远远超出个体思维。语言是集体性的,语言中所包含的大多数思维与观念当然也是集体性的,通过对话能使个体思维集中形成集体性思维。因此,学生之间的对话是形成集体思维的重要途径。不同的学生对于文本意义的理解在范围、程度上存在差异。对话给学生交流和了解这些差异提供了机会。不同的理解会使学生产生内部的认知矛盾,这种矛盾将会引起每个学生内部知识结构的重新构建。[①]学生与学生的对话主要有以下几种模式:①课上教师提出问题后让学生进行小组合作学习,这样的对话可以锻炼学生大胆地表达自己的观点,教会学生如何听取别人的观点,批判别人的观点或是借鉴别人的观点,还可以让学生学会让别人接受自己观点的技巧。②教师还可以根据文本组织一些情景表演或是微型辩论赛等英语活动,例如"ladies first"。在这类活动中,学生间的对话可以是事先排练好的,这就意味着学生必须先背下这些句子,也可以是即兴发挥的,这样难度就更大了,学生首先必须有一定的语言储备,然后还要快速地挑选并组织出合适的语言来表达自己的意思。久而久之,学生的口语表达能力及瞬间思维的能力将得以提高,同时,他们也会学会与单个人交际以及与多人交际的技巧。教师在以上三种活动的进行中,可以适当给予评价,从而调动学生的学习积极性,让学生产生高峰体验。③学生一起交流对文本的理解。在这种对话中学生彼此拥有他人的片段信息,

---

① 戴维·伯姆. 论对话[M]. 王松涛,译. 北京:教育科学出版社,2004:57.

第六章　多模态话语分析视域下的大学英语对话教学研究

从而引起同样的情感与经验，产生知识，是"彼此共振"①。"对话性"沟通超越了单纯意义的传递，具有重新建构意义、生成意义的功能。来自他人的信息被自己吸收，自己既有知识被他人的观点唤起了，这样就有可能产生新的思想。在同他人的对话中，正是出现了和自己不同的见解，才促成了新的意义的创造。④教师可适当安排就某一问题让见解不一样的同学在课下进行交流。因为是课后，没有教师的参与，所以这时学生间的对话就会少有心理上的距离。他们会在对话中指出对方见解中的疑点，追求论点的精细化，甚至力求纠正对方的见解。这样，他们彼此之间的对话就产生了大量的批判性信息，这些批判性信息会不断地激活或调整对话的前进方向和进程，会非常自然地把话题引向深入，并且不断地提升对话的质量。这种批判性信息正是提高合作学习的要诀。⑤教师还可以将学生分成小组，让他们相互交流，理解文本的过程与方法。学生在这样的对话中不仅需要说明自己思考的结果，而且为了说服同伴，往往还伴随着说明自己思考的过程、方法和策略的强烈欲望。这样，他们在对话互动中，不仅交流了理解的结果，而且交流了取得这些理解结果的过程、步骤和方法。这种交流会进一步促进学生对自己认知活动的反思。

总之，学生间的对话是极为轻松的，没有慑于教师权威的单向服从。在小组合作学习中，每个学生说话时间相对增多，即使是平时较少说话或性格内向的学生，在互动活动中也显得较为放松，他们不用担心语法错误或是发音不标准，而是把更多的注意力都放到了意思的表达上。成绩较好的学生往往充当了学习中的教师角色，成为班级和小组的学习核心与骨干。他们"一方面不断完善自己的实践能力，提高在团体中的自我价值感，另一方面也通过完成任务、帮助他人或提携后生等方式不断为团体的发展做出贡献"②。他们清晰的表达是以流利的口语为基础的，这将会激发小组其他同学在有目的驱动的情况下练习基本的口语。

2. 理解性对话

（1）教师与文本的对话

教学文本是指在教学沟通的过程中产生和接受的，可以视为会话文本

---

① 钟启全. 学科教学论基础[M]. 上海：华东师范大学出版社，2001：370.

② 钟启全. 学科教学论基础[M]. 上海：华东师范大学出版社，2001：364.

和读写文本，以及对话文本和独白文本的总和。这种教学文本是教师与学生一起合作创造的极其复杂的产物，其中包括课程改革指导纲要、学科课程标准、教学指导用书、教科书，以及教师的教案等。[①] 本书中所指的文本主要是教学中教师使用的所有材料。而教科书只是教学文本中的一类，是供师生学习和研究的、既成的读写文本，现指教师所需教授的内容，可以是一段英文对话，也可以是一篇文章。传统教师的备课方式仅仅是根据教师参考书来分析文本的结构和语言点，使用这种备课方式的过程中，教师会畅通无阻地获得其所需要的信息，但这一方式所带来的弊端就是教师缺乏"思考"的环节，也就是不能从根本上透彻地理解"文本"所要传达的信息。对话式教学倡导教师与文本进行对话。首先教师与文本的内容进行对话，包括传统备课的内容，即结构与语言点。另外，还需要教师对文本中的俗语、典故以及写作背景、文化背景等进行充分广泛的了解。正如我们平时所说"教师要想给学生一杯水，自身必须有一桶水。"以《21世纪大学英语精读教程（第三册）》第二单元第一篇阅读文章为例，它的题目是"泰坦尼克之谜"，看上去像是有关"泰坦尼克"的沉没之谜，实际是由"泰坦尼克"的沉没而引起的对于"女士优先"这一传统观念的一场争论。针对这一文本，教师首先应该对"泰坦尼克"的背景有所了解，知道这一事件发生的时间、地点及当时的社会背景。另外文本中提到了在1912年妇女的社会地位，以及当时性别的不平等，这些都需要教师查找大量的材料从而收集这方面的信息，并充分展示给学生。此外，文本中还有一些典故，比如"chicken is only egg's way"，文本只粗略地提及这是遗传学家的一句老实话，教师应通过与文本对话发现这一问题，并找出该句子的出处，了解作者引用这句话的真实原因。教师只有充分完全地收集并了解相关拓展内容，才能自如地传授给学生。除此之外，教师还应该对文本进行语篇分析，例如发出这样的提问："为什么如此转折，为什么用这句话回答，逻辑顺序是什么"等等，这些都是教师参考用书上没有的内容，也是教师应该掌握的知识。

其次，教师还需要与文本的作者产生对话，即教师在备课过程中应该有这样的疑问："文本的作者是谁，具有什么样的教育背景；作者所需要

---

① 钟启泉. 对话与文本：教学规范的转型[J]. 教育研究，2001（03）：33-39.

传达给读者的最主要信息是什么；作者是通过什么手段、方式一步一步揭示自己的写作意图的；作者为什么要传达这样的信息，最终目的是什么；作者的观点是什么？作者为什么会有这样的观点？"等等。只有在这样一层层地质问之后，教师才能对文章有根本的把握。这里仍然以《21世纪大学英语精读教程（第三册）》第二单元第一篇阅读文章为例。文中有这样一句话："Given the disabilities attached to womanhood in 1912, it was only fair that a new standard of gender equality not suddenly be proclaimed just as lifeboat seats were being handed out."从整篇文本看来，作者是不赞成"女士优先"这一传统观点的，而在这个句子里，作者却又认为船长在泰坦尼克号下沉之际让女士优先撤离是正确的，这是怎么回事呢？是作者自相矛盾吗？显然不是，仔细揣摩之后我们不难发现，作者其实已经给出了他这么写的原因，那就是在当时特定的社会环境下（1912年），女性在社会中就是一个弱势群体，所以说当时船长这么说是符合历史背景的，是正确的。教师如果仅仅按照教师参考书来备课，是很难发现这些潜在的问题的。如果课上学生再不发问，那么这个问题就会被忽略掉，甚至给学生带来错误的理解。教师在解决了这一系列的疑问后，还应继续发问："我是否同意作者的观点，在教学过程中怎样避免我的观点对学生的影响。"大学英语课堂与其他学科的课堂相比，有其特殊的地方，因为它的文本很多都来自地道的英语国家，因此，就必不可少地涉及很多西方的文化，而中西方的文化又存在着很多差异。所以教师在授课过程中必须特别注意文本作者的观点，更需要注意在课文的讲解过程中如何巧妙地掩盖自己的观点，以防止自己的观点影响到学生观点的形成，这样才能充分发挥学生的主观能动性，通过对知识的深层加工将其转化为自己的观点。经过这样的问答过程，教师对文本的把握就从框架的客观层次上升到了观点的精神层次，更进一步地掌握了文本的信息，使自己的课堂教学更加游刃有余，从而在学生心目中形成一定的信任感。

最后，教师还应跟文本的编者进行对话，即探究每篇文本入选的缘由。当前大学英语教科书中的入选篇目都十分新颖，能灵敏地反映着教科书编者的指导思想，体现着大学英语改革的方向。教师应积极思考这些文本入选的可选性和必选性，即本篇文本具备了哪些编者想要的内容，又具备了哪些不可缺少的、独特的内容？编者为何把该文本安排在此书，与整本教材的逻辑关系是什么？是否起到了承上启下的作用？这些提问能帮助教师了解文本值得学生学习之处，以及该文本在贯穿知识点方面所起的作用，从而使教师更加准确地使用教材。

（2）学生与文本的对话

传统的教学对于学生来说仅仅是上课听懂教师的讲授，做好笔记，然后将所有学到的知识记入脑中。而对话式英语教学要求学生变被动学习为主动学习，学生能针对所学文本主动发问，在解决这些问题的过程中学到知识。当然，学生的发问能力和习惯需要一段时间的培养，教师在初期应做好引导工作。

和教师一样，学生应首先与文本的内容进行对话。大学生与中学生不一样，他们具有一定的英语基础，因此他们完全有能力通过自学读懂文本的字面意思。要想在课上获取更多的知识，他们必须在课前做好充分的准备，即发现问题。在课前，学生应就文本发现自己从文本中所能独自获得的信息，同时也找出自己不能完全理解的难点。针对这样难点，学生应通过小组讨论或资料查询等方法试图解释这些难点，这将有助于培养学生发现问题、解决问题的能力。经过自己的努力还不能解决的问题被遗留了下来，这些问题应该在教师的讲课过程中被解决，这样学生的记忆会更加深刻。通过对话式的课前预习，学生对教师所要教授的文本内容有了大概的了解，在课上就会轻松地跟上教师讲课的步伐，并且对全文有了总体的把握。因为每个学生都带着自己无法解决的问题听课，所以在听课时他们会主动捕捉这些问题的答案，有针对性、有重点地吸收知识。与教师自己强调文本的重点在哪相比，这种方法让学生由被动变主动，记忆会更加深刻，学习效率自然得到了提升。在讲课过程中，学生也应根据教师的暗示，与文本层层对话、提问，了解文本更深层的意思。

其次，学生也需要与作者进行对话。任何一篇文本都不是凭空而写的，它是作者经验的显示、心情的吐露、构思的外显，因此每一篇文本都有作者的想法隐藏其中。为此，要深入理解文本，学生必须与作者进行对话。首先要了解作者写作的意图，它是要揭示一个事实，要反映一个问题，还是要抒发某种情感？学生要深入理解课文，与作者进行这一方面的对话是必要的。在此基础之上，学生还要思考文本的布局、事例的运用、详略的安排、语言的选取等等写作手法方面的问题。这将有利于学生进一步理解作者是如何表达出写作意图的，并且学会这些方法，然后将其运用到自己的写作中去。此外，学生要善于发现作者渗透在字里行间的观点、立场等等。这里，我们仍然用前文的"泰坦尼克"为例，仅从文本的字面意思我们无法得知作者的性别与观点，但如果深究文中重要的具有暗示性的句子，例如"Should not any self-respecting modern person, let along feminist, object to it as insulting to women？"我们就能发现该文本的作者是一位女性，她的观点是反对"女士优先"这一传统观念。

最后，学生必须与编者进行对话。每一个文本都有编者的想法隐含其中，其观点往往体现在提示或练习等内容中。通过这些提示和练习，一篇文本的重点、难点、训练的侧重点以及关于课文的理解都能显示出来。与编者对话对于学生理解课文是有帮助的。学生主要应该思考并解决以下问题：编者为何要把这篇文本放在此处；这篇文本有什么特别之处；编者是想让我们接受这个观点还是反对这个观点呢；这个文本在整个知识系统里面起到了什么作用呢。总的一点就是学生必须了解编者的意图，从而更加有针对性地学习。

3. 反思性对话：教师与自我

反思是一种自我对话、自我理解。教师首先是对自己过去授课的教学思路、课程设计、课堂组织、课堂效果、教师话语等方面不断反思，现在的我与过去的我进行对话，倾听自我内心的声音并加以理解，并对将来理想的我有所期待与憧憬，不断反思并付诸行动，促进自我专业发展。反思还包括在与他者的对话中反思自我。自我对话包括以他者为镜，反思自我行为。因此，人与自我的对话还需从他者的视角反观自己的"前见"。任何一种对话都包含自我对话，任何一种理解都最终指向自我理解，自我理解是反思性对话的根本意义所在。

反思性对话也可以称为教学反思，对于反思性对话的主体——教师而言，教学反思方式的选择是灵活的，重要的是教学反思的实效性。下面粗略介绍几种以教师为主体的反思方式。

(1) 撰写反思日记

写教学日记是最常用的反思方法,在传统的教学活动过程中,很多教师青睐于通过书写反思日记来反思教学实践过程中可能存在的不足。书写教学日记的反思方式之所以有如此大的"市场",是因为反思日记在文体、结构、篇幅等方面没有严格的规定和要求,相对随意,教师更容易操作和完成;反思日记一般记录教师每天的课堂教学活动等相关问题,因此对于教师而言,书写反思日记的材料既丰富又容易获取;除此之外,只要有记录的工具,如纸笔、电脑等,教师就可以不受限制、随时随地记录反思日记,此乃反思日记的一个极大优势。

(2) 教学反思书签

教学反思不光要求教师着眼于教学实践方面,有时还需要阅览相关的书籍与期刊作为理论上的指导。当教师在阅读书刊的过程中有了反思的体会,而这种体会有可能与作者相似或者相差甚远,这时教师应该带着积极的批判态度,迅速把从书中获得的体会与启示记录下来,为今后的教学提供帮助。

(3) 教师相互交流

俗话说:只有更好的教师,没有最好的教师。再优秀的教师也需要学习,也需要反思。因此,教师相互交流很有必要。在教师反思的过程中,教师们对教育活动所涉及的方方面面相互观察交流,与同行们进行技术、手段、技巧等的交流、切磋研讨,了解自己在教学方面的不足和其他同行的优势所在,并向优秀的教师学习,既有利于提高综合教学素养,也能增进教师的团队合作精神。教师之间的相互交流不仅能通过对话来提升和引导教学反思,还能对知识与结论加以验证,获得专业的成长。

(4) 开展行动研究

行动研究是教师以教学问题为导向,采用多种合理的研究方法分析、解决问题,从而直接改进教师的教育教学工作,实现教师的专业化发展目标。这种教学反思的形式相对复杂,教师所投入的精力和时间会更多。教师通常将教学实践过程中所出现的不足作为反思的重点,然后有针对性地对某些问题进行科学的调查和研究。最后利用分析结果将行动研究上升至理论的层面。因此,对于一线教师而言,行动研究的作用和帮助不可小觑,不仅能促使教师不断进行自我觉察和批判性反思，而且能与实际教学过程的情境相结合，对其过程进行合理改进。由此可知，教师行动研究的反思除了对教师在实际教学实践中的专业能力有所提高，还对教师的学术研究能力亦有提高之用。

（5）观摩讨论反思

集体的教学智慧对教师的专业发展提供了新的思路和借鉴，例如教师之间相互开展观摩、切磋和对话等活动，均有利于提高教师的教学质量。大致操作过程为：首先，一名教师围绕某个专题开展日常教学，其他教师带着问题进行观摩；其次，授课教师陈述教学设计和理论依据；然后，授课教师与听课教师一同开展座谈对话，通过不断的交流碰撞出新的教学火花；最后，授课教师根据同行交流讨论的结果重新优化自己的教学过程设计，并形成自己的反思性总结材料。

（6）视频教学反思

视频具有强大的情景记录功能，一方面能够全面无死角地记录整个课堂教学的各种有效信息，另一方面又能够较为微观地观察课堂教学。该教学反思方式可以不受时间、地点的限制，具有极强的优越性。第一，能够将一次性且单向的课堂教学过程进行场景重现，在一定程度上避免了反思人员的回忆和判断带来的不足，为反思研究提供事实依据，并且为进一步的精细课堂研究提供必要条件。第二，帮助教师以他人身份对其课堂视频进行观察分析，真实地了解自己课堂教学中的不足之处，发现其中的问题并有针对性地解决它。第三，突破了时间和空间的各种限制，课堂教学视频可以成为反复使用的研究素材，为不同地区之间的教师或是不在现场的专家开展异时、异地的交流和学习提供了可能性。第四，从根本上打破了过去只对某一节课孤立地进行研究的传统，进而对一系列课例进行综合与对比式的研究。除此之外，视频教学反思为教师今后多次开展教学反思以及与其他教师进行经验交流和相互学习提供了可能性。

（7）网络教学反思

随着网络技术的快速发展，教师群体间的交流变得更加迅速、便捷，教学反思的模式也随之发生新的变化。教师可以通过自行建立网站，开通个人博客、微信等方式将自己在教学过程中做的成功与不足之处记录下来，其他教师或学生可以登录浏览并进行交流。这种反思是一种互动交流的方式，比较受年轻教师的欢迎，且交流效果更佳。

二、多模态话语分析在大学英语对话教学中的应用

在大学英语对话教学中运用多模态教学，以活动为载体，将所学过的碎片化的知识有机整合，通过任务驱动，使学生在真实、有趣的语言环境中进行师生对话、小组活动、个人交流等多维互动，实现学生对所学知识的整体认知，帮助学生在学过的知识间建立联系，发现规律。同时这也是教师对学生学习策略的引导，能够给予学生充足的时间，不但语言操练面广，练习次数多，而且还调动了每个学生的积极性，使不同层次的学生都得到锻炼，最终实现语篇的对话和交流。下面笔者以多模态视角下的大学英语口语教学为例，探讨多模态话语分析如何促进大学英语对话教学的发展。

（一）多模态英语口语教学

在具体的外语教学实践中，多模态的使用往往需要依赖多媒体的帮助。也就是说，教师在教学中通过多媒体技术来呈现各种各样的多模态符号，如图像声音、颜色、音频流、视频流、手势符号、特殊文字、录像、表格等。我们可以这样认为：多媒体为教学活动中多模态符号的使用提供了物质层面的有力保障。

传统的英语口语教学是单模态的。教师主要通过单模态话语讲解知识，口语课堂常常沦为知识点讲解课。这种单模态的口语教学往往导致学生注意力容易分散，由于缺少多模态形式的互动，学生往往很难真正参与到口语实践活动中，学生缺少使用语言的机会，往往处于被动消极的接受状态。而口语教学要求师生之间能够充分地进行双向实时互动，教师在整个过程中应积极发现学生的语言盲区，发现学生在表达习惯、句子语法、词汇使用等方面的不足，从而切实提高学生的语言表达水平。

师生之间的互动在语言学习中不可缺少，有利于语言习得。无独有偶，新伦敦组合首次提出了多模态教学理念，主张教师应该在教学中积极使用网络资源、图片、角色扮演、录像等其他教学手段调动学习者的各个感官参与学习。可以清晰地认识到，多模态教学理念紧跟时代发展前沿，多模

态理论的应用也延伸至了教学领域,开始改变旧式的教学活动,多模态教学也从此进入人们的视野。李晓红指出英语教学的改革应该以多媒体为工具媒介,创造多维的多模态教学环境。①

本书结合多位权威专家的教学观点以及新伦敦组合倡导的教学理念,给出了多模态口语教学的定义:外语口语教学过程中,通过借助现代多媒体技术提供帮助学生产生意义建构的多模态符号。这些符号资源包括音频、视频、图像、文字、PPT 等模态,并充分利用这些模态调动学生的感官进行口语互动,旨在使用多种教学手段和渠道,引导学生的感官配合,刺激学生的记忆和联想,增强学生的口语认知能力以及语言应用能力,从而有望提高口语教学效果。

(二)多模态英语口语教学调查设计

1. 多模态英语口语教学调查设计

笔者以 B 外国语大学非英语专业低年级段的两个本科教学班为调研对象,通过多模态话语分析在大学英语口语教学中的应用,研究多模态话语分析如何促进对话教学的发展,实现教学相长的目的。两个教学班级为随机抽取,其中实验班有 31 名学生,女生 26 人,男生 5 人;二班有学生 30 名,女生 26 人,男生 4 人;被试年龄基本在 19~20 岁之间。两个班级的口语教师相同,均由同一名教师任教。实验前,对学生的英语口语学习情况进行调查了解,发现两个班级的学生之前均没有接触过系统正式的英语口语学习与训练。

为了验证多模态口语教学模式是否能提高学生的英语口语成绩,是否能够达到对话教学的目的——教学相长,笔者随机选取了两个非英语专业的教学班,一班作为实验班,二班作为控制班。由于多模态口语教学要求教师能够在教学过程中实现多种教学手段和方式的最优化配置,促使教学目标顺利达成,因此实验班在教学中需要合理使用包括动画、视频、音频、网络教学资源等多模态教学素材。视觉模态(如图像、文字、视频、PPT 等)、听觉模态(如音频、教师口语)等在口语教学中的合理应用,为学生创造

---

① 李晓红. 互联网+视域下大学英语多模态、多媒体、多环境教学改革[J]. 中共银川市委党校学报,2015,17(06):67-69.

了良好的多模态环境，将学生的感官充分协同调动起来，促进学生进行全方位的英语口语学习。学生在口语学习过程中积极利用模态的相互转化进行口语输出活动，其中包含听觉模态到口语模态的转化，视觉模态到口语模态的转化，以及其他模态的相互转化。实验班学生的座位不同于传统整齐的座次，而是采用多个同学围成一圈的座位形式，方便学生之间进行多模态的互动与讨论。

实验过程中所有教学模态的选择遵循张德禄提出的三个原则：有效原则、适配原则、经济原则。[①] 具体来讲，有效原则要求教师在教学中能够有效地利用不同的模态去调动学生积极参与学习，传授知识，防止使用过多的消极模态干扰到学习效果或者增加学生的认知负荷。适配原则要求教师杜绝传统教学单模态从上课开始到结束不间断的使用，以防学生产生感官疲劳，要求不同模态之间相互配合，相互平衡，从而促进师生间顺利进行多模态互动。经济原则要求教师能够在保证教学效果的前提下，能够利用比较经济便宜、方便使用的模态符号来实施教学。

对照的控制班则采用传统的口语教学方法，口语教学过程中仍旧以教师讲解书本知识为主，学生则处于单向接收知识的地位。教学过程中模态使用较为单一，学生和教师之间的互动形式主要以传统的口语模态为主，师生之间缺少多模态形式的语言输入以及口语输出活动，模态转化实践活动少。教学中很少利用多模态手段营造良好的学习氛围，较少调动学生多种感官参与学习，学生缺少参与口语学习的热情以及表达思想的欲望。总之，教学以教材内容为依托，教学模态单调，以教师单模态的口语教学为主，学生也以使用单模态口语参与教学互动为主。

为了考查一学期的多模态口语教学是否对学生的英语口语水平产生影响，实验班的每节口语课都会结合使用与本单元主题相关的图片、音频、视频、PPT、校园网资源等多模态资源，试图为学生创造一个相对和谐、轻松、真实的口语环境。控制班则采用以教师为中心的传统模式进行教学，学生进行常规的口语实践活动。多模态口语教学主要以图像、音频、视频

---

① 张德禄. 多模态话语理论与媒体技术在外语教学中的应用[J]. 外语教学，2009，7（04）：15-20.

等模态来建构一个以图促想、以听促说、以视促练的多种模态之间相互转化的教学模式，具体可以分为3大板块，具体包括以下19个小步骤。

（1）主题导入：展示多个与教学单元相关的图片，自然引发学生进入主题。

（2）主题热身：通过图片引发学生进行联想或想象。

（3）图文简述：学生用英语对图片做出简短的描述，注重词汇、句法输出的规范准确性。

（4）前期反馈：教师指出学生回答过程中出现的词汇、语法等语言使用错误，并予以纠正。

（5）词汇提供：教师将自己提前准备好的词汇呈现给学生，扩大学生的词汇量。

（6）内容呈现：教师呈现教材中的重点词汇、短语、小短句。

（7）跟读练习：教师带领学生大声朗读这些词汇、句子，注重语音语调。

（8）音频导入前：教师介绍相关背景，方便学生听懂材料。

（9）音频导入中：学生记录听到的信息点，如关键词汇、数字等。

（10）音频导入后：组内成员互相分工合作，配合完成整个听力内容的阐述。

（11）第二次导入：如果学生没有听懂，则进行二次音频播放（听懂则不用）。

（12）音频文本呈现：通过呈现听力原文，学生补充听力中遗漏的信息。

（13）音频文本领读：学生再次跟随教师阅读听力文本，掌握发音的方法和规律。

（14）问题回答：根据音频内容，教师呈现问题，学生做出回答。

（15）视频呈现：教师呈现相关教学视频。

（16）学生配音：将视频静音，学生进行配音练习。

（17）视译练习：学生进行口头双语互译，提高语言准确性。

（18）任务布置：制作多模态PPT，以加强课内学习效果。

（19）多模态报告：学生扩展延伸主题，制作多模态形式的汇报，并于下节课前进行展示。

2. 多模态英语口语教学案例

笔者对 B 外国语大学新闻专业的低年级学生进行了时长一学期的多模态口语教学实验，以《超越概念》中的 weather 和 natural disaster 为教学案例，说明在英语口语教学中应用多模态的教学效果。实验班级的具体教学环节如下所示。

课前：呈现主题相关的词汇。词汇被认为是英语口语表达的基石，词汇掌握不好意味着学生将无法开口讲英语。学生的词汇掌握效果一般不佳，对很多词汇的认识也仅仅处于再现认知阶段，这些词汇未能转化为头脑中的积极词汇，因此导入阶段应该对这些单词采用模态化记忆，具体则是将这些词汇与对应的语境结合起来予以识记学习，通过多模态的图片与文本互动，加深学生对于词汇的记忆水平。张德禄认为图片和文本的结合有利于吸引学生的注意。[1]

教学班级所有的学生按照五人为一个小组进行分配，教学实验过程中小组成员保持一致。教师每节课通过多模态组合素材显示教学内容，教学素材尽可能贴近学生熟悉的场景，通过多媒体图片生动形象地导入教学主题。展示图片的过程中，教师应充分地认识多模态教学理念，图片的作用不单纯在于展示，而应该同时通过教师简短的语言形成对于图片的概括，概括一般以小标题的形式出现，教师结合图片完成概括后，并不会就此结束。在多模态教学理念的指导下，教师应该充分调动学生感官的瞬时捕捉性，此时借助 PPT 文字跳动的功能，将教师刚刚口头的概括语用文本标题的形式呈现于图片下方，这样不仅使学习内容的呈现能够一目了然，同时在课堂引导的过程中加强了学生的输入性理解。这个阶段过后，教师要求学生发挥自己的想象力、概括能力，为每幅图画构建出自己的小标题或是小段落。这样做的目的是使学生体会到情景的真实性，可以引导学生培养语言能力、拓宽思维能力以及团队合作的能力。

课中：传统的口语教学缺少有意义的教学输入，输入内容一般比较干瘪，没有具体的使用背景，这样导致的结果就是学生不是在练口语，而是在机械地学习词句，在实际情况中无法积极使用。如果这种环境中再一味

---

[1] 张德禄. 多模态外语教学的设计与模态调用初探[J]. 中国外语，2010，7（03）：48-53,75.

盲目地要求学生进行输出活动，学生很难去提高英语口语能力，学生口语表达的积极主动性没能调动起来，口语学习方式没有改变，口语学习效果也自然会大打折扣。因此，教师要有多模态口语教学的理念，在这个阶段通过播放音频来调动学生进行口语输出活动。当然，口语中的听力不同于听力教学中机械地听，教师在这个过程中应该积极使用多模态的策略，听前为学生提供音频中重要的信息，或是关键词汇短语，或是必要的背景知识，以便为学生接下来的口语输出提供必要的帮助，这样的听说模态结合是在一种有意义的多模态环境中进行的，学生的积极性因此也能够被调动起来。

  课堂中使用的视频流也往往因为其独有的优势而备受学生喜欢，视频流可以融合多种模态。视频中的图画不仅可以为学生提供一个完整理解语意的环境，也能够调动学生大脑中客观实景的形象性，虚实画面的结合能够产生较好的整体效果。英语口语课上通过播放带有字幕、声音、图片三位一体的多模态影像资料，能够充分调动学生的感觉器官互相配合，促进学生学习，调动学生课堂参与的积极性，这一步一定要充分地挖掘和体现视频流影视资料的作用。视频播放完毕并不意味着教学任务已完成，学生此时也许并没有充分理解教学材料所要传递的信息，教师应该进一步考查学生是否有所收获。考查的方式主要是通过小组对视频内容进行叙述或是展示，教师也可以在此环节重新回放刚才播放的视频流，将其调为静音模式，只呈现出画面与字幕文本，学生的任务则是将此视频用声音演绎出来，这部分也很好地体现了学生多种模态之间的相互协调配合。

  课后：这节课的内容主要涉及有关自然天气与自然灾害等社会问题，非常贴近学生的日常生活，真实度高。因此教学中可以充分挖掘主题思想，通过一系列的问题启发学生对于自然灾害的认识，并提出关于灾害治理等问题的解决方案，让学生深化对于环境的认识，其中包括灾害来临之后，我们应该怎么样去保护自己；人类应该如何与大自然和谐相处；如何避免环境悲剧发生等问题。这些交际活动都要求使用英语进行表达。多模态的作业布置也是必不可少的。成功的教学不仅要充分利用好课堂教学时间，还应该布置给学生必要的作业任务，做好课堂延伸，因此要求学生课后利用已有的知识，根据教学中的互动内容，积极制作更多其他关于该主题的多模态PPT，并在下次口语课上进行抽查与课堂演示。通过组内有意义的语言互动提升学生的思维，促使学生产生情感共鸣，切身感受到英语口语课的目的并不只在于培养语言使用技能，更是与生活的方方面面紧密联系。小组讨论的活动形式有益于学生之间各种思维的碰撞，培养小组合作精神，讨论结果以组为单位进行课堂展示。

针对英语口语课是高等教育教学中极其注重技能培养的一门课程，笔者也充分考虑到初级学习者的学习情况，基于口语教学的特点，结合自己多年的教学经验，积极去认识和理解多模态教学理念，在大学英语口语课中将多模态教学的理念充分融入教学的每一个环节，通过语言模态与非语言模态的有机配合，创造学生英语学习的真实环境，实现对学生多种感官的刺激，同时认可每一位学生的付出与努力，及时给予学生情感上的鼓励，使得英语口语课成为学生积极建构知识、享受语言学习的快乐的场所。

（三）多模态英语口语教学调查结果分析

1. 控制班和实验班英语口语各项成绩的前、后测比较分析

由于篇幅所限，笔者不做具体实验过程和数据展示，仅就实验结果展开分析。实验结果的情况显示，是多模态口语教学模式对口语教学产生效果的总体反映，研究数据结果通过 SPASS 22.0 进行分析，提供的数据有平均分、标准差、T 值和显著性 P 值。研究首先对控制班和实验班前、后测总成绩的结果进行了对比，为了使得实验结果更加细化，口语总成绩的变化将分别从语言内容、语言准确度和语音语调这三个方面进行分析。结果显示，实验班在语言内容、语言准确度、语音内容这三方面均有显著提高；控制班在语言内容、语言准确度、语音语调方面也有所提高，但是提高幅度较实验班偏小。

（1）实验班和控制班口语总成绩的前、后测结果分析与讨论

多模态口语教学实验之后，对两个班级的口语测试结果进行分析发现，两个班级在实验后口语水平存在着显著性的差异，即一学期的多模态口语教学实验对学生的口语总成绩产生显著影响。成绩是教学效果最直观的反映形式，学生在多模态课堂中取得进步，究其原因可能有以下几点：

第一，在传统的英语口语教学环境中，教师过分注重教材上的语言知识，轻视这些语言知识在实际场合和环境的使用，造成的结果是学生积累了大

量的句子，但由于缺少对于口语表达环境的理性认识，不能完美地在实际生活中将这些句子使用出来，即使能够在现实生活中使用这些语句，也存在着严重机械套用的现象。多模态口语教学可以大力改变这种现状，能够颠覆传统的机械学习式讲解，强调教学中通过不同模态的转化调动学生的感官参与有意义的学习，强调通过多模态创设真实的语言学习环境，进而促使学生间互动合作学习，因此学生的整体学习效果较好。

在多模态口语课堂中，学习音频模态形式的内容，能够利用音频模态唤醒学生的听觉器官，使学生通过口语课上多模态音频的播放更好地参与进课堂学习中。听力或者视频的播放过程中学生动手做笔记，一定程度上触觉模态也参与进学习的过程中，多种感官被同时调动有利于学生注意力的集中。教学输入中视觉、听觉模态的融入，大大激活了学生头脑中语言使用的范围和情景。此外，小组多模态互动的活动形式，如角色扮演、小组讨论、小组汇报等等，都可以帮助建构多种话语情景，学生之间的多模态互动也能够弥补传统教学过程中口语信息结构单一，学生仅仅依靠想象进行表达的局面。口语表达机会增多，学生之间的相互交流增多，口语的质量也会进一步提高。

多模态口语教学结合多种模态输入的方式，突破传统课堂中教师单一的口语模态的限制，创造性地将视觉输入合理应用于口语教学，实现文字、图片、音频、视频等视听觉模态共同融合的输入，为学生提供了优质的语言输入模式，激发了学生的情景思维和想象能力，进而帮助学生提高主动应用英语的意识和技能。

第二，口语的学习过程是各种感官协同合作、共同参与的过程。多模态口语教学充分调动学生的视觉、听觉、触觉、感觉等，使学生全面参与教学过程，从而取得了良好的教学效果。

传统的口语教学因为局限于教材本身过于理想的内容而饱受诟病，多模态的口语教学能够拓宽教材覆盖的范围，多模态符号资源能够帮助学生建构意义，扩充表达方式，从而有助于学生更好地理解口语表达的实质，积极利用好辅助口语表达的方式。随着学生口语学习的热情提高，英语口语学习效果也会进一步提高。

第三，外语学习要求能够综合提升学生在听说读写译等方面的技能。

英语口语作为最能直观反映学生综合实力的重要指标之一，要求学生能够流利无误地与外界在不同的场合进行沟通和交流，具有较高的实战性。多模态的英语教学中，学生能够在比较自然的环境中学习，各种模态符号也能够直观地帮助其建构意义，突出情景和语用范围，促进更多的语境化输入。传统的口语教学这方面则略显不足，学生难以借助多媒体扩大交流的范围，口语输出往往较为干涩，传统教学模式下学生交流的范围受到限制，影响中介语到目标语的转化速度。多模态的教学环境可以促进学生交流语境的延伸和扩展，和现实相仿的模拟情景也能够帮助学生自然地习得语言技巧。

（2）实验班和控制班语言准确性成绩的前、后测分析与讨论

笔者在多模态英语口语教学实验实施前，对两个班级学生的口语水平在语言准确性维度上进行了测试。实验结果证明，两个班级在该维度存在显著差异。这一结果与之前相关的研究结果基本能够保持一致，说明多模态口语教学在提高学生口语能力方面，尤其是语言表达准确性方面有比较突出的优势。虽然在后测的过程中，笔者发现学生在这部分依然存在一些语法、词汇应用上的不当，但相对于之前的口语水平已经有了很大的提升，虽然也存在些许的错误，但并没有影响到学生正常的口头表达。学生的语言使用相对来说也较为得体恰当，能够使用较多出彩的词汇与表达，词汇基础相比之前有了明显的大幅提升，有些学生甚至能够利用一些近义词汇或是同义短语表达作为交际填充策略，为自己留有更多的表述空间。高级词汇的运用、词汇的联想运用等都说明这学期的多模态口语教学逐渐培养了学生使用不同的词汇与方式来阐述观点的意识，这在前测中几乎是很难看到的。学生在前测中使用的词汇基本都比较低级，准确性不高，语义表达不贴切，严重影响了学生的正常口语交流。对以上结果进行分析，笔者认为出现这种情况的原因如下：

第一，多模态话语理论认为，图片能够帮助人们形成意义建构，方便人们交流，强调传统意义上被忽略的声音、颜色、影像、图片等多模态符号也是人们能够进行意义建构的重要符号，它们起着和语言等同的作用。在口语教学中，可以利用图片、声音等多模态符号为学生搭建自然的接近实际语篇的情景，能够给予学生最直观的视觉刺激，学生可以在这个过程中通过图像中的视觉刺激而产生更多的意义符号，将这些意义符号进行表

述的过程即是更多语言生成的过程。

多模态口语教学倡导在教学的各个环节融入多模态符号，目的是能够调动学生的多个感官，加强学生对教学内容的认识、记忆以及理解。在传统的以教材为主的口语教学中，学生往往由于缺少真实的、激发思维的环境，其积极性很难被调动起来，口语输出的效果不好。而多模态的口语教学则非常注重课堂的设计，设计过程以调动学生的语言积极性为目的，以学生的语言使用为目的，帮助学生形成想象、加工、创造、判断的能力，同时引起学生对于话题的共鸣和兴趣，真正意义上实现口语水平的提高。

第二，多模态口语教学并不是简单地使用多媒体进行辅助教学，也不是利用多媒体机械地将传统教学内容搬运至教学媒体，而是多媒体教学在理论层面、实际教学应用中的深化。多模态教学中的图片展示也并不是单纯地借助图片来进行教学导入，而是积极地利用多模态符号能够帮助建构意义的作用。不同的个体与多模态符号的互动是不同的，因此图片被赋予更重要的教学任务。具体来讲，这个环节呈现的多模态图像的作用是诱导学生对图片进行思考，进行发散思维，进行深度分析，在这种人与图的互动中形成学生对于图片的理解，即意义的建构，进而用口语模态符号将这种意义再现。

雷（A. Wray）认为好的语言学习环境能够提高学生的语言创造能力。[1]学生将对由图片引发的联想或是图片本身进行小标题概括，或是段落表意。教师则对学生在表达中较出色的行文、词汇、短语进行记录并分享，同时给出自己改进的版本，便于学生进行对比参考学习，帮助学生提高语言表述的多样化和准确度，能够快速地从大脑中提取适合表述的关键信息和词汇。

第三，多模态口语教学是教师、学生与媒体三位一体、深度融合的教学模式，教师需要主动承担更多的责任，也需要花费更大的精力。在多模态口语教学中，教师应借助多媒体整合多种多模态学习资源，其中包括音频、动画、视频流、纸质资源、网络英语学习软件、多模态教学素材等，这在一定程度上改变了传统口语教学中课本资源材料覆盖少、交际程度低的教

---

[1] WRAY A. Formulaic language and the lexicon [M]. Cambridge: Cambridge University Press, 2002 : 95.

学模式，只有通过实现教学资源的优化配置与整合，促进教学中模态之间的互动转化，提高各种不同模态间的相互融合，学生利用模态转化才能够产生更多的词汇短语表达方式，形成更多的口语实践。同时这一过程需要教师对学生的口语词汇产出进行更多的反馈，包括对于词汇短语的高级替换，对于语法的纠正，对于句式的调整，以便真正培养出学生英语口语表达的思维习惯。

第四，多模态的口语教学形式不仅给学生提供了丰富多样的与现实生活密切相关的口语表达，而且学生之间的相互讨论也能够进一步帮助学生加深对于词汇学习的记忆效果。多模态课件具有比传统教学单模态更多的优势，因为多模态课件可以将文字、图像等结合为一体，能够传递更多的教学信息，教学方式的多样化能够吸引学生的注意，也能够调动学生的多种感官协同工作，进而能够加强学生的思维能力。学生词汇积累的覆盖面广，有利于提升学生的思维品质，让学生有话可说、有章可循，帮助提高学生使用语言的准确度。此外，多模态化口语教学可以为学生提供更多的机会和语用环境练习口语，鼓励学生不断形成个人的思想体系，发展个人的语言风格。

（3）实验班和控制班语音语调成绩的前、后测分析与讨论

实验班的学生在语音语调方面的成绩均高于控制班的学生，两个班级在该维度上存在显著差异，证明学生发音的总体情况还是非常令人满意的。原因如下。

第一，多模态英语口语教学使得语音语调的学习不再是枯燥无味的，不再是跟随教师或者外国人机械的模仿与纠音过程，而是教师与学生共同参与语音语调的学习。在利用网络呈现外语视频的环境下，教师带领学生一起就某一段语音进行深度模仿。学生在模仿的过程中要求和视频中的语音语调尽可能保持一致，在有些情况下，甚至要求学生进行原声同步模拟，做到与视频中如出一辙的表现。模拟结束后，教师要求学生以小组为单位，互相指正彼此与原声语音语调的出入和差别，从而继续进行下一轮的视听与更正。这一过程还潜移默化地培养了学生使用英语思考和交流的能力，使他们能够从大脑中快速提取合适的表达语言。

第二，多模态的口语教学模式为学生提供了全方位的语音训练和思维

训练，使他能够轻松融入情景，不再缺少语言学习的环境与氛围，开口说英语的欲望进一步增强，原汁原味的视频激发了视觉模态和听觉模态的结合，口语中抑扬顿挫的感觉更加明显。视频模态的出现让学生不自觉地调动多种感官进行模拟训练，大量的反复的练习使学生的语音语调基本上达到标准程度。此外，科技的发展使得学生可以在手机上下载英语配音、英语口语模仿等语音学习软件，通过这些软件中自带的纠正语音功能，学生可以利用课余时间强化课堂效果。

第三，行为主义教学理论认为，刺激是语言学习中不可或缺的重要条件，外语学习在其看来，就是不断建立联结的过程，即刺激－反应行为的建立与形成。多模态口语教学中，若图像和声音信息的共同刺激长时间作用于学习者的感觉器官，条件反射 S-R 机制就可以建立。

多模态口语教学发挥了多媒体技术集成的特点，教学中融入图像、声音、文字等刺激学生的感觉器官，多个感官接受到反复的刺激后，对学生产生潜移默化的影响，形成良好的语感，而良好的语感正是口语表达中提升语音语调的一个重要前提条件。

第四，传统口语教学中较少注重对学生语音语调语感的培养，语音的训练指导也一般以教师为权威示范，学生则跟随纠正。这种训练模式最大的问题在于很多教师自己的语音都不太地道，使得学生在语音的掌握上也是事倍功半，严重影响学生正确语音语感的培养。语音训练如果缺少真实材料的依托，就会显得十分机械与无效，很多学生练习语音的材料都是独立的单词或句子，这种单调的练习容易让学生滋生厌倦情绪，从而使语音学习的效率偏低，而多模态口语教学能够完美地解决这一问题。多模态口语教学能够提供地道纯正的英语口语环境，将单个语音纳入有意义的系统中，全方位调动学生的学习兴趣，学生在这种有意义的语料环境中能全身心地融入，容易掌握发音方法，进而培养良好的语言感悟能力。

第五，多模态性质的视频输入材料能让学生进一步体会到真实语言环境下的语音并不是传统教学中所倡导的固定机械的语音模式，而是真实感强烈、表现力丰富、灵活富有张力的语音模式，是将情感和感官配合融入英语学习中的一种轻松的教学模式。多模态环境下的语音教学以英美国家本土的语音为特色，克服了口语学习中缺少环境而造成发音晦涩难懂、汉语口音浓厚的现象。高质量多样性的英语输入使得学生容易融入和接受，其语音语调总体来看有着很明显的改善。多模态的口语教学可以为学生创造一个优质的语音学习环境，帮助学生调动多种感官参与学习，学生在耳濡目染的环境中能改善语音语调。

2. 英语口语学习态度的结果分析与讨论

（1）认知维度

认知指多模态口语教学中学生对口语学习带有的观念认识、理解与评价，具体指的是学生对于学习对象、学习方式、学习内容和学习目标等各个环节的认识程度。良好的认知对学生的英语口语学习起着重要的引导作用，能够促进学生英语口语学习目标的实现。

问题1"你对当前英语口语学习的重要性是否有充分的认识"回答中，平均分值为4.17，表明学生非常重视英语口语的学习，认为英语口语学习的重要性很大。

问题2"你认为英语口语对未来事业的成功是否重要"的平均分值最高，为4.45，表示绝大多数学生认可英语口语的学习对未来事业求职的重要性。事实也是如此，如在英语教师行业的求职面试中，在英语电台主播、商务谈判等诸多的求职面试中，英语口语总是作为海选的第一步，许多求职者也因为英语能力欠佳而被应聘单位拒之门外。语言是用来交流的工具，学习英语的最终目的是运用英语口语进行有效交流，如果不能达到很好的口语水平，就好比茶壶煮饺子倒不出来，这也就进一步证明了英语口语学习的重要性。

问题3"你认为教师的授课方式对于学生的学习效果是否重要"的平均分值为4.38，表明学生认为教师的授课方式对于学生的学习效果作用非常明显。多模态口语教学中，摒弃了传统口语教学中只使用文本模态或是教师单一口语模态的使用，扩大了各个模态的使用范围，学生可以借助多模态性质的视听材料，多种感官同时参与学习，图片等的使用能调动学生的积极性，帮助其建构自己的知识，这要优越于传统教学中单调的教学环境，学生的学习效果相对来说较好。

多模态英语口语教学可以使得外语教学在尽可能接近实际生活的情境中展开，同时也可以为外语教学提供便利的条件，能够为外语教学提供必要的辅助条件，使得教学效率提高，还能够通过多模态话语提供更多意义表达的通道，从而能够提高教学效果。

（2）情感维度

情感主要指的是学生对于多模态口语教学的认识而产生或者表现出来的情绪状态，具体则指学生对多模态口语教学的喜好程度，学生对于多模态口语教学模式的喜欢与否，能够从侧面反映出本次教学研究实验的成效。

问题7"你是否对这学期的口语学习兴趣越来越高"的平均分值为3.79，属于这个维度中的最高分值，学生兴趣提升，证明了此次教学实验确实收到了很好的效果。多模态教学并不是简单地借助媒体教学，多模态环境中的"设计"对于学生的学习至关重要，教学中应该尽量考虑各种模态的综合应用。教学过程可以视为设计过程，包括已有资源、设计过程、再设计。

本书非常重视"设计"，借助网络搜索能促进学生吸收教学内容中的图片声像资料，旨在为学生提供一个符合现代信息化社会的良好的学习氛围和环境，使多模态充分发挥出其良好的作用。这种"设计"还体现在为学生设计不同于传统的教学活动形式，比如小组协作复述音频活动非常重视学生之间口语互动的质量，由于多模态音频的导入与播放音频后紧随的活动，小组活动的目的更加清晰，分工更为明显，形成了更为有效的小组活动目的，比起传统教学中学生凭空想象的口语实践更有针对性，更有效果。

问题8"你是否喜欢教师在课堂使用多媒体课件的教学方式"的平均分值为3.59，证明学生很喜欢多模态口语教学。多模态手段的口语教学具备传统口语教学无法比拟的优势，吉朋（D. Gibbon）等学者认为多模态话语的意义在于它将语言与其他相关的意义资源进行整合，因此有助于创造出生动有趣的语言教学环境。[①] 教学中通过利用网络中丰富的多模态符号，提供形象生动、引人入胜，基于学生实际生活经验的教学内容，各种模态符号积极配合使用，能够帮助缓解课堂压力，使学习气氛不再枯燥沉重。多模态的教学手段同时可以拓宽学生口语知识学习的范围和领域，也能够针对教学中出现的重要语言点进行着重化、强调化处理，帮助学生加深对于语言点的理解和记忆，学习的积极性也进一步提升。

---

① GIBBON D, MERTINS I, MOORE R K.Handbook of multimodal and spoken dialogue systems [M]. Boston:Kluwer Academic Publishers, 2000 : 72.

传统的口语教学中,教师很大程度倾向于使用单一口语模态来主导整个教学,学生在这个过程中处于一个被动接受的位置,很多情况下缺少积极主动的动脑思考,有时候甚至不清楚教师的口头表达要传递的信息。教学中语言环境严重缺失,学生趋向于沉默,不愿意去主动交流,练习频率少,因此"哑巴英语"的现象屡见不鲜。

实施多模态口语教学的过程中,教师应该重视使用不同的模态来调动和引导学生学习,帮助学生利用好这些多媒体模态,从而实现模态之间的转化,加深对于学习内容的识记与理解。而传统课堂中学习内容较为干瘪,学习内容单模态化,学生的积极性与主动性也常常倍受压制,出现教学耗时长、收效低的结果。具体来讲,在口语教学中融入音频的使用,运用听觉模态,调动学生的听觉器官,与此同时,在听音频过程中学生动手做笔记,使得触觉模态得以运用,调动学生的触觉器官。多种模态组合使用,多种感官同时参与,使得学生的学习变成了全面参与的学习、轻松的学习,从而收到好的学习效果。

(3)行为维度

行为指学生对多模态口语学习的倾向趋势和准备状态,即在口语学习过程中做出的某种反应或者具体的行为表现,教学过程中学生的参与配合程度能够从侧面反映出教学效果的好坏。

问题13"你上课时是否能够配合教师做好PPT演示"的平均分值为3.41,表明学生上课时能够在课堂上积极配合好教师的多模态教学。由于多模态口语教学改变了传统口语教学中主要关注语言或文本的模式,积极利用各种不同的模态帮助学生了解文本,学生愿意并且乐意参与到课堂教学中。克雷斯和鲁文认为仅仅通过语言形式去完全理解文本的意义几乎是不可能的,因此,需要教师通过多模态手段去弥补语言单模态符号在教学中的不足。[1] 杰维特(C.Jewitt)认为多模态环境可以为学生提供建构意义的多模态资源,这种多模态形式的展示更容易被学生接受,也就是说,教师借助多模态符号和多模态手段可以在教学中与学生形成更好的配合,这种手段不

---

[1] KRESS G, VAN LEEUWEN T. Multimodal discourse: the modes and media of contemporary communication [M]. London: Arnold, 2001: 86.

仅可以帮助教师表达自己，同时能够促进学生更好地学习。①

问题14"你上课时是否能够积极地参与到口语实践活动中"的平均分值为4，表明多模态口语教学课堂是一个多彩而轻松的课堂。传统的口语教学中，模态的使用往往以教师的口语模态以及学生的口语模态为主，较少涉及模态之间的转化以及互动，学生在这样的环境中容易产生疲劳的学习状态。多模态口语教学中的音视频模态可以加强教学内容的直观性质，进一步调动学生的积极性。范勇慧认为视觉与听觉结合可以调动学生的积极性，学生在多模态输入的基础上进行有根据的输出实践活动也能够培养良好的英语表达方式习惯。②另外，教师在多模态口语教学中积极利用多模态图片引导学生发散思维。多模态口语教学善于利用视频与音频的多模态性输入，为学生充分搭建起语言表达的背景，提供精准的语言输入，从而使得学生能够在语言使用过程中积极注重语言表述。教师在师生互动中的口语模态也进一步为学生输入更多的有用表达，因此学生能够积极地融入课堂，积极投入学习，参与口语实践活动。

问题15"你是否能够很好地完成教师布置的课后多媒体课件任务"的平均分值为3.69，表明学生的作业完成情况良好。为了巩固多模态口语教学的教学效果，所有的课后作业也不同于传统的机械练习作业，它同样要求多种模态的参与、形式多样化，比如话剧的编排，使得学生的各种感官同时参与，将学生固有的思维打开，培养他们的创新性、积极性，激发他们学习英语的热情，使他们体会到自我学习和语言生成的成就感，学习状态更加积极，主观能动性得到加强，这在一定程度上能够提升口语课堂效果，使该教学模式形成一个良性循环。

（四）多模态话语分析促进大学英语对话教学的发展

对话教学对推进高校外语教学改革具有积极意义。要想推进英语对话教学，首先需要树立对话意识。对话之心是对话之本。坚持对话之心的高校英语教师，应从哲学的视野来看待对话对于人类存在的意义，基于对话

---

① JEWITT C.Reshaping learning: new technologies and multimodality [J].International Journal of Learning,2003（10）:105.
② 范勇慧. 多模态话语分析在英语教学中的应用研究 [J]. 内蒙古民族大学学报，2011（04）: 168-169.

主义的教育观来认识英语教育，立足于对话的原则并通过对话的方式来开展英语教学。其次要创设对话环境，创设利于对话教学的"对话性空间"，包含课堂物理环境、民主的课堂气氛和师生对话共同体。再次要提高对话技巧，包括提高提问艺术、倾听能力和采取多种形式的英语课堂对话教学。最后要关注对话情感。英语对话教学既是一个认知的过程，也是一个情感交融的过程，师生之间的对话情感在形成良好的对话关系中发挥了重要的作用。英语对话教学中的情感因素包括：关爱、真诚、谦逊、信任和希望。

对话教学不是在传统教育教学理念范围内复兴或新兴的一种教学方式，而是对传统课堂教学的革命，既是教学认识上的革命，又是教学实践上的革命。通过以上对B外国语大学多模态英语口语教学调查结果的分析，尤其是对学生口语学习态度的认知、情感和行为三个维度的论述可以看出，多模态口语教学对于学生口语学习的学习态度起到了良性的促进作用。学习态度作为学生学习过程的内部驱动力，对于学生成绩的提高有着明显的促进效果。通过对问卷分数的统计发现，多模态口语教学模式得到了很多学生的认可，他们支持该教学模式的运用。该教学模式可以给学生创设积极的学习环境、全面的实践参与过程、丰富的课后巩固等，从而提升口语学习效果，这足以说明多模态话语分析对于大学英语对话教学的发展起到了积极的推动作用。笔者希望通过多模态话语分析在大学英语中的应用，促进对话教学发展，进而推动英语教学改革，以期改变目前英语教学耗时低效、"哑巴英语"现象不断出现的局面。

第七章　多模态话语分析视域下的
大学英语游戏化教学研究

对游戏化教学的研究始于20世纪80年代初。当时国外的一部分学者开始关注电视游戏的教育价值，研究电视游戏如何激发游戏者的内部动机并试图将电视游戏应用于教学。进入20世纪90年代以来，随着计算机技术和网络技术的发展，游戏已经从电视游戏、单机版电子游戏发展到今天盛行的大型网络游戏，对游戏化教学的研究也不仅仅局限在电视游戏，而是逐步扩展到电子游戏以及大型的网络游戏。大学英语课堂的游戏化教学创新，绝不是要大学英语课堂变成一场游戏活动，而是利用各种游戏化元素来重组教学活动环节，使游戏性和教学性形成一个有机合力，能让更多的学生以参与者的身份投身于具体的大学英语课堂教学过程之中，使他们实现舒适学习体验和卓越学习效果的双提升。

游戏化教学模式在大学英语课程中的具体应用实践主要体现在两个层面：一是面向现有大学英语教学过程诸环节的游戏化设计及其应用。大学英语课程的诸多环节均可采用游戏化元素设计，并开展相应的游戏化教学实验。二是线上游戏化教学软件的应用。在英语教育领域已经出现了很多游戏化教学应用，如扇贝、百词斩、墨墨等，这些软件多以通过游戏化元素设计来背诵单词的学习辅助功能为主。此外，最新的具有交互探索功能的英语教育游戏化软件产品出现，并使学习者的英语水平在游戏化的过程中得到了显著提高。基于线上游戏化英语教学软件"多邻国"（以下简称Duolingo），可以很好地进行英语交际能力训练。Duolingo主要是通过听写、看图猜词和检测发音等多样化游戏元素设计让学习者能够从说读写译各个角度练习和使用英语。整体上，无论是线上还是线下，各种游戏化教学软件的课程应用,其宗旨都是将教师有效引导和学生自主学习紧密结合起来,将教室内的课堂系统学习和课外的碎片化学习相结合,将英语知识学习和英语能力应用进行有机结合。需要注意的是,大学英语游戏化教学实践应用的基本点是要用游戏的娱乐性来激发学习者的学习兴趣和学习动力,绝不是用娱乐性来取代教学性。

一、大学英语课程游戏化教学活动设计

(一)大学英语课程游戏化教学活动设计原则

1. 游戏目标明确性

教学游戏活动解决的是教学问题,完成的是教学目标,即课堂游戏是为教学服务的,这一点必须是明确无误的。大学英语课程的教学目标是提高学生的听、说、读、写等综合的语言运用能力,故教学游戏的设计与实施也必须服从和服务于这个总课程目标的实现。体现在大学英语课程的每一节课中,就是需要教学游戏必须围绕着一定的教学侧重点来组织和实施。因此,课堂中游戏活动并不是可以随意安排和实施的,而是需要让它为课堂教学良好效果的获得服务。体现在大学英语课堂教学中,就是要求教师能够根据教学内容要求安排适当的游戏活动,以求能够让学生语言的应用得以实践,让学生某些方面的技能得以受到锻炼和快速成长起来。除此之外,大学英语课堂教学过程中安排的这些游戏活动,能使学生更加真实有效地运用所学的新知识。总之,大学英语课程教学中的教学游戏应用,其根本宗旨是让学生在游戏创设的情境中完成对英语语言的综合运用。

2. 游戏指向特定性

游戏的指向特定性是指教学过程中的游戏元素设计要考虑到不同的教学内容和不同的教学对象,采用具有明确指向性的特定游戏环节设计。对于英语语法类的知识或技能倾向于设计闯关类游戏,让学生在难度逐渐升级的游戏活动中完成知识的掌握和技能的训练。对于思维方式活跃、有独立个性和思想成熟的学生,竞争类游戏设计需要优先考虑,简单的呈现性游戏应尽量少用或不用。太复杂、高难度的游戏会让学生的英语学习偏离轨迹,太简单轻松的游戏也会让学生觉得没有挑战性而放弃。总之,大学

英语课堂教学的设计必须要充分考虑到学生的学习特点和学习需求，只有选择恰当的教学内容，并采具有一定挑战性的游戏任务，才能激发出学生强烈的学习动机和持续学习行为。较为切实可行的做法是将学生的日常学习生活问题或任务与英语学习内容相结合，让英语的学习发生在真实或接近于真实的生活场景之中。总之，游戏指向特定性在大学英语课堂教学中的基本目的是让游戏的设计与使用要服从和服务于学生英语的学习，通过游戏使学生英语学习的效果更佳。

3. 游戏广泛参与性

游戏的教学应用非常注意学习者在场景中的体验，一个没有良好体验的游戏绝不是一个好的游戏设计，一个不能将游戏元素和教学活动有机结合的设计也不是一个好的游戏化教学设计。而良好的游戏体验往往离不开游戏过程中鼓励学习者的积极参与，即游戏活动设计需要广泛的参与性。如何让学生都积极参与到教学游戏之中，常见的做法是采用竞赛性游戏设计，让学生按不同层次分组参与。教学游戏体验成功与否的衡量标准是学生都愿意贡献自己的力量，都愿意接受挑战性任务和具有强烈的学习成就感。具体来讲，主要包含以下这些内容：第一，教学游戏的设计要兼顾学生的全员参与和个性参与，让不同水平的学生都有用武之地；第二，教学游戏的设计要鼓励学生彼此之间的相互交流与合作，要体现学生的参与性和合作性；第三，教学游戏的设计与实施需要有效参与和深层参与；第四，教学游戏设计与实施的关键点还是活动设置的优劣，好则学生会积极参与，坏则学生会主动放弃。总之，游戏在教学过程中的应用是以鼓励学生积极参与课堂教学活动为根本目的的，只有学生积极主动参与到了课堂教学过程之中，学习效果才能得以改善和提升。

4. 游戏活动主动性

任何教学活动都需要学生的积极主动参与，离开了学生的参与，任何教学活动都会走向失败。尤其是在大学英语课堂教学中，游戏元素的考虑与设计其实质上是为了让学生都主动参与到教学过程中，都产生积极主动的深层学习，即要想发设法地激发出学生的学习兴趣和内在学习动机，并形成持续的学习动力以促使学生不断努力向前。为此，在设计游戏化教学时，就需要首先考虑如何使教学活动面向每一名学生，要让学生成为每一个教学游戏环节的主体，成为教学游戏活动的参与者和问题的解决者。为此，需要一线的大学英语教师能够做到以下三点：一是要积极成为教学游戏活动的组织者和管理者，能够通过游戏元素来及时调控学生的活动性，以形成良好的教学活动行为；二是教学游戏活动的开展需要让学生均有所参与，不能顾此失彼搞少数人参与的活动；三是团队性的集体游戏任务是首要倡导的，团队协作过程中才能更好地体现出学生的活动主体性。

5. 游戏过程效果性

教学中游戏元素的设计与使用绝不是仅仅为了活跃课堂教学氛围或激发学生的学习兴趣，而是有着更为负责的原因：通过教学游戏的设计来发现学生学习过程中的有效情况。一个优秀的善于游戏化教学的教师总是能够针对教学的重点和难点，通过学生在游戏过程中的表现，迅速发现他们的优缺点，并展开行之有效的即时指导。在课堂教学过程中，任何游戏的设计与使用都需要服务于教学目标的实现，通过将教学活动变得生动有趣来帮助学生巩固所学和迁移应用。而要让游戏的应用过程起到实施监控学生学习效果的作用，使游戏活动发挥出充分的作用，就需要确定好教学游戏设计的基本原则：激励性和竞争性兼顾。一线的大学英语教师应根据不同的教学内容，有针对性地设计和实施教学游戏，相对于游戏结果，更应该关注游戏过程中师生的交互活动和相应的交流体验效果。为此，需要学生团队协作的集体竞争性游戏是广受欢迎的。教学活动以比赛游戏方式开展，既有学生个体之间的竞争，也有学生小组之间的合作与竞争，学生能够在教学活动中互相学习、相互帮助，能够全身心地投身于游戏教学活动的全过程。

（二）大学英语课程游戏化教学活动设计

游戏化教学的课堂教学实施方式主要有以下两种：第一种方式是在课堂教学活动中将游戏作为课堂教学支持的工具，应用在不同的教学环节中。可以是电子游戏，也可是非电子化的各种传统课堂教学游戏，比如活跃课堂气氛的课前（集体）热身游戏、能将抽象概念形象具体化的模拟游戏（如角色扮演、情境再现等）、帮助学生理解知识的体验游戏或是帮助学生巩固知识的语言类游戏、计算机游戏和操作类游戏等，游戏的类型可以根据教学环境的不同、教学内容的不同进行选择；第二种方式是教学活动甚至是整节课程都被设计成一个完整的游戏系统，学习内容通过游戏元素被设计成一个个小游戏。这种方法适用于教学内容不能具体化、形象化表现和课堂教学环节较少的时候使用，教学内容对于学生过于陌生，会极其容易导致学生的学习积极性不高。而通过游戏元素的设计与使用，可以让学生快速地进入学习状态中，全身心地参与到教学活动之中，进而能够很好地实现教学目标。在本研究中，将根据教学需要，采用两种游戏化教学方式相结合的形式来开展实施相应的教学，即一方面是在情景导入环节设计导入小游戏；另一方面是将新授知识结合游戏机制设计成一个完整的游戏，让游戏贯穿于整个课堂教学活动之中。

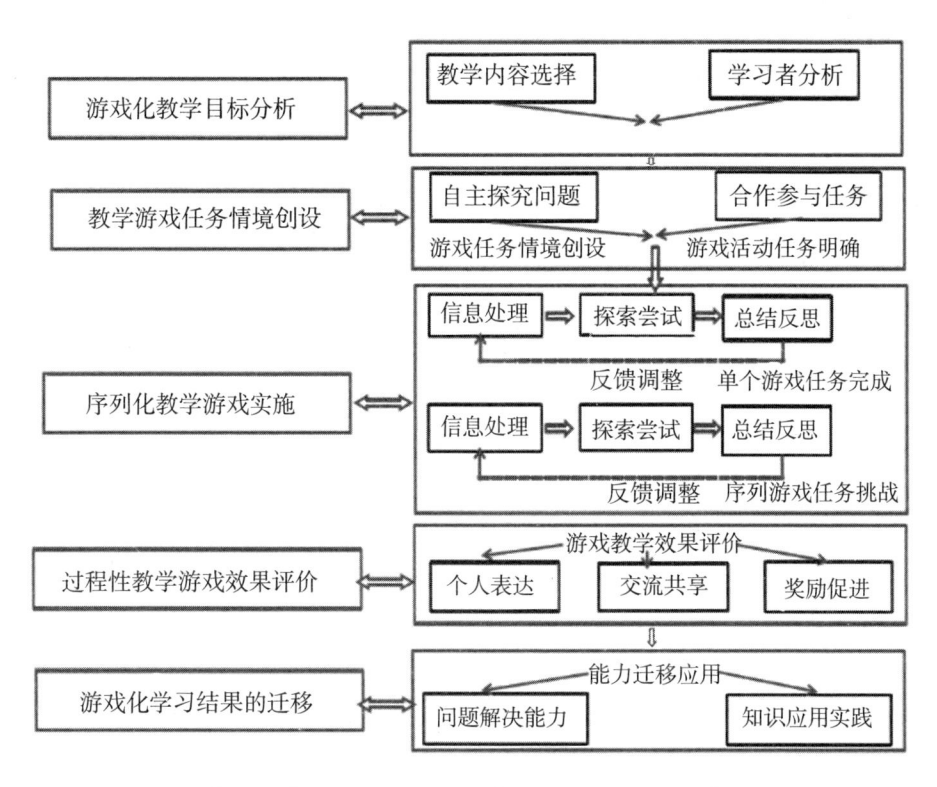

图7-1 大学英语课程的"五要素七流程"游戏化教学模式

如图7-1所示，整体上，该模式是在游戏化学习理论的指导下对常规教学进行补充和发展而形成的，所以游戏化教学模式的目标嵌套在宏观教学的三维目标（知识与技能、过程与方法、情感与态度）之下。实践条件则主要包括对教师、对游戏化教学设计方面的相关要求，对学习任务进行分析、重组和系统设计，游戏化学习环境搭建，学生在游戏过程中的学习策略设计，先进教学媒体的技术支持等等。

1. 核心要素分析

游戏化教学是一种新型的教学模式，其程序结构和操作流程都相对固定，所以其具有较高的独特性。在目标定位过程中，实现教学在三维维度上的目标是游戏化教学模式的重点，尤其是学生在情感、态度、价值观方面的目标；在操作程序上，与一般的教学模式不同，它更注重激发学习者的内在动机，旨在调动学生学习教学内容的热情，所以游戏化教学选择和设计合理的游戏显得尤为重要，游戏质量及与教学内容的契合程度将直接影响到学生的学习效果。要在游戏的设计或选择方面多下功夫，一堂课可以根据教学内容选择若干个小游戏，也可以用一个大型游戏贯穿在课堂教学的始终；在游戏活动开展过程中，需要对教师的角色进行明确，教师需要充分发挥监督者和辅导者的作用，积极调动学生的主体参与性，让学生成为学习的主人，进而自觉地对知识进行构建。同时，游戏化教学模式对学习环境有着严格要求，因此教师需要同时注重物质和心理两方面的学习环境构建，奠定游戏化教学的基础。在效果评价上，需要采用多主体、多维度的评价模式，保证全方面、系统地评价学生。

整体上要顺利实现游戏化教学需要注意以下几个核心要素：第一，游戏化教学目标分析。游戏化教学并不是万能的教学模式，不能适合于一切教学内容。游戏化教学的采用必须要根据学习者的认知特征和教学内容的特点分析来进行，尤其是需要根据教学目标的可操作性和可量化性等性质来综合考虑。实践已经证明，带有流程性的、竞争性和合作性的、探索性和交流性的内容适合采用游戏化教学。第二，故事性游戏情境创设。游戏化教学的开展需要让学生能够置身于一定的游戏情境中（往往是具有一定故事性的代入性场景），情境中需要有探索性和奖励性，能够做到对学习者行为反应的即时反馈。无论是真实的还是虚拟的游戏情境，让学习者积极参与并及时反馈都是根本，不能过于沉浸于对技术或娱乐效果的追求。第三，序列化游戏活动开展。游戏化教学是通过各种游戏活动来展开的，并不是所有的游戏活动都是对的,在课堂教学过程中使用的游戏活动要有一定的限定,问题驱动性和合作探究性的游戏活动是适合在课堂教学中使用的。课堂教学游戏活动的实施需要充分做到课堂环境中教学内容与游戏活动之间的有机结合,课堂教学过程中的游戏活动需要有针对性的策略设计。第四,过程性的教学游戏应用效果评价。游戏化教学是一种过程性的活动过程,对其评价不能采用单一的结果性评价方法,而更应该重视对过程性材料和学习表现的评定。尤其是学生对游戏活动经验的交流共享,往往都融合了一定的教学内容学习经验的交流;第五,迁移性教学游戏学习结果应用。教学游戏的设计应用绝不是为了完成传统教学意义上的知识理解与应用,而是更加强调高阶思维能力的综合应用和问题解决能力的不断提升。教学效果的好坏和学生学习的成效还得需要通过学生的实践问题解决程度来体现,需要通过学生的创新活动得以落实。

2. 活动流程实施

基于上述对游戏化教学的理解(采用混合式游戏方式,即可以采用电子游戏和非电子游戏两种基本方式的混合)和对游戏核心要素的分析,本章中所构建使用的大学英语教学中的游戏化教学基本活动流程(序列)(通用于大学英语课程教学的诸多活动流程)主要包括前期准备、创设情境、明确任务、探索尝试、任务序列挑战、效果评价、迁移应用。其中,第一,前期准备主要是为教学设计、教学实施提供依据,为课堂游戏化教学顺利实施提供工具或者知识储备的支持;第二,情境创设,是为学生有意义的学习创造氛围;第三,明确任务,主要是将学习目标呈现给学生,促进知识的学习;第四和第五是探索尝试和任务序列挑战,这两个环节是让学生在教师的指导和辅助下依据游戏规则主动参与游戏,进行体验探究学习,并通过奖励政策维持学习动机,能够自主地进行知识的学习和实践应用;第六,效果评价,主要是促进学生将课堂上获得的知识转入到长时记忆系统中,在教师的引导下,学生对游戏过程中存在的问题和错误进行回顾,同时发现一些学习过程中的精彩片段,进而对知识进行巩固,对经验进行总结;第七,迁移应用,这是游戏化教学模式的最终环节,通过该环节可以让学生的学习积极性得以保持,同时维持学习动机,增加注意力的集中时间,同时还会使学生的学习视野得以扩展,班级的凝聚力得以增强,学生的交流能力得以提升。在评价方式上，该模式的形成性评价和总结性评价始终在游戏化教学中存在，既包括学习者学习层面的评价，还包括课后教师对整个教学过程的反思的评价，体现评价主体的多元化、评价内容的多维化。形成性评价与总结性评价的评价结果用以修改整体教学过程。

二、多模态话语分析视域下的大学英语游戏化教学案例

在信息化环境下，游戏化教学模式在大学英语课程教学中的应用是一种新的教学尝试，是一次信息技术与大学学科课程整合的实验，其目的是探索出信息技术与课程教学深度融合的有效模式和方法。因此，游戏教学中需要合理使用各种各样的包括动画、视频、音频、网络教学资源等多模态游戏化元素来作为教学素材。通过文化层面、语境层面、意义层面、形式层面和表达层面的多模态话语分析，以视觉模态（如图像、文字、视频、PPT等）、听觉模态（如音频、教师口语）等形式在大学英语教学中合理展现，为学生创造良好的多模态环境，将学生的感官充分协同调动起来，促进学生进行全方位的英语学习。

笔者采用大学英语课程中的阅读和翻译两个环节，进行了有意义的游戏化教学应用实验，其中有得有失，现将其中较为成功的教学案例总结归纳如下。

（一）阅读游戏化教学应用案例

1. 教学目标的分析与设定

（1）教学目标

第一，了解文章背景及其作者信息；第二，理解文章的主题和结构；第三，理解文章中父亲的性格特点；第四，掌握阅读技巧；第五，掌握本文的重点词汇和语法结构。

（2）教学重难点

第一，重点是文章的主题和结构；第二，难点是阅读技巧、重点词汇和语法结构的掌握。

2. 游戏化教学任务情境创设

（1）自主探究问题

学生课前查找相关资料,课堂上对阅读短文的相关背景知识进行介绍,运用 PPT 进行演示。

A brief introduction to the stories and the authors.

① social background and growth environment

② published time

③ on the best-seller list for years and why

（2）合作参与任务

两人合作,通读课文并尝试回答如下问题。

① What is the book about?

② If it was popular?

③ Who is the author?

④ What does the title refers to?

（3）游戏任务确定

若干人为一组,按照任务难度的要求进行游戏竞赛或开展信息加工处理过程。

3. 游戏化任务实施

关卡	内容	信息采集	分析处理	形成方案
1	Childhood memories: the glass castle	Photo scrapbook: Work in pairs. Look at the photo scrapbook of childhood memories. Talk about what kind of childhood memories they show. Do any photos remind you of anything from your childhood?		（1）a brief introduction to the glass castle and jeannette walls （2）pre-reading activities （3）the analysis of the text （4）make a summary of the passage （5）literary devices Imagery
2	A story of an hour	A brief introduction to Kate Chopin and her works: （1）Kate Chopin's life experience; （2）Kate Chopin's works.	The beginning of the hour （1）What was the news at the beginning of the novel? （2）What was Mrs.Mallard's response on hearing of the news that her husband was dead? （3）What rhetorical device is used in this part? （4）Was Mrs. Mallard in a bad mood?	Discussion: Why was Mrs. Mallard happy and excited after her husband's death?

4. 游戏化教学效果评价

（1）知识掌握

①如何来评价一个人的作品

如，Kate Chopin's works

A. 内容大胆：sex, extramarital love（婚外恋），female selfhood（女性的自我意识）

suicide（自杀）

B. 文学成就：

forerunner of feminist authors of the 20th century（女权主义的思想）

C. 文风：simply beautiful and beautifully simple

②如何来寻找阅读点

如，What did Mrs. Mallard see from the window?

A. 阅读点：措辞和修辞的暗示——不仅不差，心情还挺好的！

B. 修辞：imagery（调动感官使其身临其境）

（2）交流共享

Symbolism: There were patches of blue sky showing here and there through the clouds that had met and piled one above the other in the west facing her window.

patch 一块一块的

patches of blue sky 一片蓝天

文化象征点：blue sky 解脱、自由，代表看到希望

（3）个人表达

主要是鼓励学生将学习体验的心得说出来互相交流。

① 阅读点：Why was she scared?

② everywhere 的形象化，将其具体化

③ 句法：short sentence
　　　　　　+
　　　chopped sentence　　}＝ inner turmoil 内心的激荡
　　　　　　+
　　　interrogative sentence

5. 能力迁移应用

（1）问题解决能力

Brief and clear summary about the key points discussed this lesson.

（2）能力迁移应用

① Find the information about skip reading.

② Use the skill of skipping reading to do some work.

③ Try to explore the theme of a story of an hour.

④ Give an introduction to feminism.

（二）翻译游戏化教学应用案例

1. 教学目标的分析与设定

（1）教学目标：第一，理解英汉两种语言中一词多类和一词多义的现象，理解语境对于单词词义的影响；第二，掌握英译汉中词义的选择与表达。

（2）教学重难点：第一，根据句中的词类、上下文联系和词语搭配确定词义的技巧，词义抽象化、形象化、具体化引申的技巧，根据上下文语境而确定词义褒贬意味的技巧；第二，教学难点是英汉语词汇在词义上的差异，英汉句子结构特点的异同。

2. 游戏化教学任务情境创设

（1）自主探究问题

英汉两种语言都存在着一词多类和一词多义的现象。在英汉翻译过程中，我们在弄清原句结构后就要善于选择和确定原句中关键词的词义。例如，肯德基广告：At KFC, we do chicken right！请学生先翻译该广告。

网络译文：

①：我们做鸡是对的！

②：我们做鸡正点耶！

③：我们就是做鸡的。

④：我们有做鸡的权利。

⑤：我们只做鸡的右半边。

⑥：我们可以做鸡，对吧！

⑦：我们行使了鸡的权利。

⑧：我们只做右边的鸡。

……

参考译文：炸鸡，我们在行！

（2）合作参与任务

① Conversion

A. 动词的转换

a. 转换为英语名词

航空公司在最后一刻取消了航班，旅行团被迫改变行程。

The last-minute cancellation of the flight by the airline compelled the travel group to change its itinerary.

b. 转换为英语介词或介词词组

十一点时，他已睡在被窝里了。

He was between sheets by eleven.

c. 转换为英语形容词

我们确信这个实验是会成功的。

We are sure that the experiment will turn out a success.

B. 名词的转换

该公司产品的主要特点是工艺精湛，经久耐用。

The products of this factory are chiefly characterized by their fine workmanship and durability.

C. 形容词的转换

② Amplification（增词法）

A. 结构性增词

由于汉语注重意合，而英语注重形合，汉译英时通常需要增加结构词，如代词、名词、连词、介词和冠词等。

a. 增加代词

他喜欢指出别人的缺点，但用意是好的。

He likes to point out other people's shortcomings, but he means well.

b. 增加连词

只许州官放火，不许百姓点灯。

While the magistrates were free to burn down houses, the common people were forbidden to light lamps.

c. 增加冠词

我们三人是这次空难的唯一幸存者。

We three are the sole survivors of the crash.

d. 增加介词

他病了一星期，在那一星期中他没有吃东西。

He was ill for a week, and during that week he ate nothing.

B. 语义性增词

有时为了保证译文意义的完整或明确，也需增词。

a. 增加原文中隐含的词语

老同志应该支持中青年干部的工作，担负起传、帮、带的任务。

Old veteran carders should support the young and middle-aged cadres in their work and take upon the task of helping and guiding the latter and passing on experience to.

b. 增加范畴词

结婚大办宴席，实在可以免去了。

The practice of giving lavish feasts at weddings can well be dispensed with.

③ Omission（省略法）

a. 省略重复出现的词语

质子带正电，电子带负电，而中子既不带正电，也不带负电。

A proton has a positive charge and an electron a negative charge, but a neutron has neither.

b. 省略范畴词

我们党结束了那个时期的社会动荡和纷扰不安的局面。

Our party has put an end to the social unrest and upheaval of that time.

c. 省略概括词

总统的报告总结了工业、农业和外贸三方面取得的成就。

The president's report summarized the achievements made in industry, agriculture and foreign trade.

d. 省略汉语中为修辞效果而重复的词语

反对铺张浪费，制止挥霍奢侈之风。

We should oppose and put a stop to the unhealthy tendency of being extravagant or wasteful.

（3）游戏任务确定

若干人为一组，进行所学各种翻译方法的应用游戏任务。

3. 游戏化任务实施

关卡	内容	信息采集	分析处理	形成方案
1	增加动词	Reading makes a full man; conference a ready man; and writing an exact man. 读书使人充实，讨论使人机智，笔记使人准确。	Time tries all. 路遥知马力，日久见人心。	为了使译文意义明确，契合原文风格从而更符合译入语表达习惯，有必要增补原文所没有的词汇
2	增加语气助词	Their host carved, poured, served, cut bread, talked, laughed, proposed health. 他们的主人，（又是）割啊，（又是）倒啊，（又是）布菜啊，（又是）切面包啊，（又是）谈啊，（又是）敬酒啊，忙个不停。	Courage in excess becomes foolhardiness, affection weakness, thrift avarice. 勇敢过度，即成蛮勇；感情过度，即成溺爱；俭约过度，即成贪婪。	原则：为了使译文忠于原文，需要增加一些原文字面上没有的词汇，但增词不增义
3	增加连词	虚心使人进步，骄傲使人落后。 Modesty helps one to go forward, whereas conceit makes one lag behind.	跑了和尚跑不了庙 The monk can ran away, but the temple can not run away with him.	翻译的几种情形：根据原文上下文的意思、逻辑关系以及译文语言的行文习惯，在表达时增加原文字面上没有但意思上却包含的字词，增补原文句法上的省略成分
4	增加代词	没有调查就没有发言权。 He who makes no investigation and study has no right to speak.	这个小男孩饭前都洗手，然后用餐巾纸擦干 This little boy always washes his hands before meals and then dries them with napkins.	为使译文通顺表意清晰，需要考试修辞的增补

续表

	关卡	信息采集	分析处理	形成方案
5	减词法	A book is useful. 书（是）有用（的） A wise man will not marry a woman who has attainments but no virtue. 聪明的人是不会娶有才无德的女子为妻的。	我们要培养分析问题、解决问题的能力 We must cultivate the ability to analyze and solve problems.	和其他事物一样，翻译也是有增必有减。省译法/减译法是增译法的反面。原文中有些词在译文中不译出来，因为译文中虽无其词而已有其意，或者在译文中是不言而喻的
6	转换法	Onc after another, speakers called for the downfall of imperialism, abolition of exploitation of man by man, liberation of the oppressed of the world. 发言人一个接一个表示要打倒帝国主义，要消灭人剥削人的制度，要解放世界上的被压迫的人民。	Talking with his son, the old man forgave the youngman's past wrongdoing. 在和儿子谈话时，老人宽恕了年轻人过去所干的坏事。	词类转移是英汉翻译中常见的技巧之一，译者要善于利用和分析两种语言的表达差异，并在此基础上灵活转换各种词类

4. 游戏化教学效果评价

（1）知识掌握

翻译下列句子。

① I presume there is a good reason for her absence as she rarely stays away from work without approval.

② What are these people after？ They are after fame and position and want to be in the limelight.

③ They were news-hungry.

④ I think it is a great honor to work for you.

⑤ Everything is good when new, but friends when old.

⑥ After her friends heard about her family difficulties, they offered her a helping hand.

⑦ Chinese and American senior officials were present at the meeting.

⑧ But there had been too much publicity about my case.

参考答案

①我猜想她缺席一定有原因，因为她通常是不擅离职守的。

②这种人闹什么呢？闹名誉，闹地位，闹出风头。

③他们迫切地想弄到消息。

④能为你工作，我感到很荣幸。

⑤东西是新的好，朋友是老的好。

⑥她的朋友们听到她家中的困难情况后，都主动伸出援助之手。

⑦中美双方的高级官员出席了会议。

⑧但我的事现在搞得满城风雨，人人皆知。

（2）交流共享

第一，用某些不及物动词表示被动意义，如 carry、cut、drive、iron、keep、lock、open、pick、read、sell、shut、tear、wash、wear、write，等等。

第二，某些感觉动词的主动态表示被动意义。例如：This shirt feels much softer than that one. 这件衬衫比那件衬衫摸起来柔软得多。以上这些动词都不能用进行时表示。若用进行时，则表示主动含义。

第三，动词 get、come、go 之后接过去分词，表示被动意义。get 的这种用法局限于口语和非正式的书面语言，更强调动作的结果而非动作本身，并常用来表示突发性的、出乎意料的偶然事件。而 come 和 go 常接含否定意义的过去分词。

第四，有少数动词（bind、cook、do、owe、print）的进行时有时有被动意义。在这种用法中，句子的主语都应该是指物的。

（3）个人表达

主要是鼓励学生们将学习体验的心得说出来互相交流。

5. 能力迁移应用

（1）问题解决能力（对被动时态的知识技能应用规律的总结）

①增译是为了使译文语言表意更为明确，更为通达，更符合译入语表达习惯，但增词不增意，因而需要充分考虑译出语与译入语的语言文化差异，做到增译适度。

②减译千万不能破坏原文的思想内容。该保全的，决不能少译一个字；该牺牲的，整个从句也可删去不译。

③由于两种语言在语法和表达习惯上的差异,在保证原文意思不变的情况下,译文必须改变词类。这类方法不仅指词类的改变,而且包括词类作用的改变和一定词序的变化。在翻译实践中,词类转移的情形也是千变万化的。重要的是,要知道在翻译中为了保证译文忠于原文并使译文合乎表达习惯,可以改变词类。

④词类转移是英汉翻译中常见的技巧之一,译者要善于利用和分析两种语言的表达差异,并在此基础上灵活转换各种词类;

多读中英文原著,把握两种语言间的差异;多练笔,熟悉词类转移的各类技巧;

能否灵活使用词类是译者翻译水平的评价标准之一。

⑤四字词是汉语词汇中一种常见的语言现象,它由四个词素构成,通常分为自由词组和固定词组。汉语中的四字词形式简洁、意义精辟、音节优美、韵律协调,特别有感染力。四字词翻译的好坏对整个译文的质量有直接的影响,因此如何处理四字词是翻译中一个极为重要的问题。

(2)能力迁移应用

用增译法翻译下列句子:

① You must know the properties of the material before you use it.

② The moving parts of a machine are often oiled that friction may be greatly reduced.

用减译法翻译下列句子:

① Even as the doctor was recommending rest, he knew that this in itself was not enough, that one could never get real rest without a peaceful mind.

② The more he tried to hide warts, the more he revealed them.

③ I wash my face in the morning.

用词类转移法翻译下列句子:

① The Chinese government undertakes non-use of nuclear weapons against non-nuclear countries.

② To prohibit any act of treason, session, sedition and theft of state secrets.

参 考 文 献

[1] 大学英语教学大纲修订工作组编. 大学英语教学大纲（高等学校理工科本科用）[M]. 上海：上海外语教育出版社，1985.

[2] 大学英语教学大纲修订工作组编. 大学英语教学大纲（文理科本科用）[M]. 上海：上海外语教育出版社，1986.

[3] 大学英语四、六级考试大纲及样题（增订本）[M]. 上海：上海外语教育出版社，1987.

[4] 桂诗春，关于计算机辅助外语教学的若干问题——在全国计算机辅助语言教学专业委员会上的发言[J]. 外语电化教学，1994（04）.

[5] 伍堂棣等. 心理学[M]. 北京：人民教育出版社，1996.

[6] Sterm H H. Fundamental Concepts of Language Teaching [M]. 上海：上海外语教育出版社，1996.

[7] 林汝昌. 教学语言——一个仍有待研究的问题[J]. 外语界，1996（02）.

[8] 赵晓红. 大学英语阅读课教师话语的调查与分析[J]. 外语界，1998（02）.

[9] 刘润清. 外语教学中的科研方法[M]. 北京：外语教学与研究出版社，1999.

[10] 大学英语教学大纲修订工作组. 大学英语教学大纲[M]. 上海：上海外语教育出版社，1999.

[11] 何高大. 现代语言学与多媒体辅助外语教学[J]. 外语电化教学，2000（03）.

[12] 钟启全. 学科教学论基础[M]. 上海：华东师范大学出版社，2001.

[13] 钟启泉. 对话与文本教学规范的转型[J]. 教育研究，2001（03）.

[14] 刘庆昌. 对话教学初论[J]. 课程·教材·教法，2001（12）.

[15] 周星，周韵. 大学英语课堂教师话语的调查与分析[J]. 外语教学与研究，2002（01）.

[16] 张敏. 从自然言语与教师话语的风格差异谈教师话语的效能[J]. 外语教学，2002（04）.

[17] 蒋宇红. 英语课堂教师话语的调查与分析[D]. 重庆：西南师范大学，2003.

[18] 胡学文. 教师话语的特征及功能[J]. 山东外语教学，2003（03）.

[19] 李战子. 多模式话语的社会符号学分析[J]. 外语研究，2003（05）.

[20] 伯姆. 论对话[M]. 北京：教育科学出版社，2004.

[21] 姚佩芝. 试论外语教学话语的学科个性特征[J]. 外语与外语教学，2004（07）.

[22] 陈坚林. 从辅助走向主导——计算机外语教学发展的新趋势[J]. 外语电化教学，2005（04）.

[23] 王琦. 信息技术环境下的外语教学研究[M]. 北京：中国社会科学出版社，2006.

[24] 张凌坤. 大学英语教师提问存在的问题及其解决策略[J]. 山东外语教学，2006（02）.

[25] 胥国红. 大学英语教师课堂反馈的功能研究[J]. 西安外国语学院学报，2006（04）.

[26] 胡壮麟，董佳. 意义的多模态构建——对一次PPT演示竞赛的语篇分析[J]. 外语电化教学，2006（03）.

[27] 杨惠元. 课堂教学理论与实践[M]. 北京：北京语言大学出版社，2007.

[28] 教育部高等教育司. 大学英语课程教学要求[M]. 上海：上海外语教育出版社，2007.

[29] 贾国栋. 计算机辅助语言教学：理论与实践[M]. 北京：高等教育出版社，2007.

[30] 胡壮麟. 社会符号学研究中的多模态化[J]. 语言教学与研究，2007（01）.

[31] 顾曰国. 多媒体、多模态学习剖析[J]. 外语电化教学，2007（02）.

[32] 胡慧玲，郭雅丽，郑维南，等. 中外大学英语教师课堂交互活动中的

话语比较分析[J]. 浙江工业大学学报（社科版），2007（02）.

[33] 孔文，李清华. 关于EFL课堂中教师提问的对比研究[J]. 国外外语教学，2007（03）.

[34] 朱永生. 多模态话语分析的理论基础与研究方法[J]. 外语学刊，2007（05）.

[35] 咸修斌，孙晓丽. 自然模式亦或教学模式——基于大学英语优秀教师课堂话语语料的分析[J]. 外语与外语教学，2007（05）.

[36] 王守仁. 高校大学外语教育发展报告[M]. 上海：上海外语教育出版社，2008.

[37] 李素枝. 中外教师课堂话语策略对比研究[J]. 西安外国语大学学报，2008（01）.

[38] 戴培兴，方小菊，高蕴华. 技术与意义的生成——论多模态PPT在大学英语课堂中的应用[J]. 东华大学学报（社会科学版），2008（02）.

[39] 孙亚楠. 多模态话语分析与外语词汇教学[J]. 语文学刊，2008（23）.

[40] 程晓堂. 英语教师课堂话语分析[M]. 上海：上海外语教育出版社，2009.

[41] 张德禄. 多模态话语分析综合理论框架探索[J]. 中国外语，2009，6（01）.

[42] 张德禄. 多模态话语理论与媒体技术在外语教学中的应用[J]. 外语教学，2009，30（04）.

[43] 陈坚林，史光孝. 对信息技术环境下外语教学模式的再思考——以DDL为例[J]. 外语教学，2009，30（06）.

[44] 龚晖娟. 英语原版电影在大学英语教学中的应用[J]. 电影文学，2009（11）.

[45] 吴雪颖. 基于改编电影的英美文学多模态教学模式探析[J]. 电影文学，2009（22）.

[46] 韦琴红. 多模态化与大学生多元识读能力研究[J]. 外语电化教学，2009（02）.

[47] 王玉雯. 多模态听力自主学习的设计及其效果研究[J]. 外语电化教学，2009（06）.

[48] 龙宇飞，赵璞. 大学英语听力教学中元认知策略与多模态交互研究[J]. 外语电化教学，2009（04）.

[49] 陈坚林. 计算机网络与外语课程的整合——一项基于大学英语教学改革的研究[M]. 上海：上海外语教育出版社，2010.

[50] 朱慧玲. 多模态语境下英语教学的思考[J]. 长江工程职业技术学院学报，2010，27（01）.

[51] 付宇，徐玉臣. 师生互动模式中大学英语教师课堂反馈语的研究[J]. 西安外国语大学学报，2010，18（02）.

[52] 徐立群. 英语课堂教师提问类型的调查与分析[J]. 外语界，2010（03）.

[53] 张德禄. 多模态外语教学的设计与模态调用初探[J]. 中国外语，2010，7（03）.

[54] 袁传有. "多模态信息认识教—学模式"初探——复合型课程"法律英语"教学改革尝试[J]. 山东外语教学，2010，31（04）.

[55] 刘芹，潘鸣威. 理工科大学生英语口语多模态语料库构建研究[J]. 现代教育技术，2010，20（04）.

[56] 付蓓. 多模态化的英语写作教与学[J]. 湖北师范学院学报（哲学社会科学版），2010，30（05）.

[57] 张征. 多模态PPT演示教学与学生学习绩效的相关性研究[J]. 中国外语，2010，7（03）.

[58] 王玥. 多模态话语研究视角下的第二语言教学[J]. 哈尔滨学院学报，2010，31（08）.

[59] 张琳. 大学英语口语课堂中的多模态话语分析[J]. 重庆科技学院学报（社会科学版），2010（13）.

[60] 郭志斌. 基于人本主义的英文影视多模态教学[J]. 电影文学，2010（22）.

[61] 刘芹，潘鸣威. 多模态环境下中国大学生英语口语非言语交际能力研究初探[J]. 外语电化教学，2010（02）.

[62] 谢竞贤，董剑桥. 论多媒体与多模态条件下的大学英语听力教学[J]. 外语电化教学，2010（0）.

[63] 王焰. 多媒体英语写作教学中的多模态互动模式[J]. 外语电化教学, 2010（0）.

[64] 赵秀凤. 概念隐喻研究的新发展——多模态隐喻研究——兼评 Forceville & Urios-Aparisi《多模态隐喻》[J]. 外语研究, 2011（01）.

[65] 范文芳, 马靖香. 中国英语课堂上的IRF会话结构与交际性课堂教学模式研究[J]. 中国外语, 2011, 8（01）.

[66] 祝智庭. 中国教育信息化十年[J]. 中国电化教育, 2011（01）.

[67] 陈楚雄. 多模态化大学英语写作选修课教学策略研究[J]. 和田师范专科学校学报, 2011, 30（02）.

[68] 谢晓燕. 大学英语专业课堂教师反馈研究[J]. 解放军外国语学院学报, 2011, 34（02）.

[69] 代树兰. 关注多模态话语教学 提高学生交际能力[J]. 山东外语教学, 2011, 32（03）.

[70] 邱晓红. 基于多模态话语分析理论的高职商务英语听说教学改革探索[J]. 无锡职业技术学院学报, 2011（03）.

[71] 江华珍, 陈清. 论多模态PPT在大学英语课堂中的应用[J]. 琼州学院学报, 2011, 18（03）.

[72] 胡雯. 多模态话语分析在英语教学中的应用[J]. 山东理工大学学报（社会科学版）, 2011, 27（03）.

[73] 魏际兰. 大学英语精读课教师话语的多模态分析[J]. 四川教育学院学报, 2011, 27（03）.

[74] 张倩, 王健. 大学英语互动课堂教师纠正性反馈的研究[J]. 西安外国语大学学报, 2011, 19（01）.

[75] 范勇慧. 多模态话语分析在英语教学中的应用研究[J]. 内蒙古民族大学学报, 2011, 17（04）.

[76] 郭建红, 黄田. 多模态互存的大学英语教学新模式[J]. 湖南工业大学学报（社会科学版）, 2011, 16（04）.

[77] 姚晓鸣. 多模态大学英语课堂的角色建模与教学设计[J]. 郑州航空工业管理学院学报（社会科学版）, 2011, 30（04）.

[78] 杨文慧. 论大学商务英语教学课程战略理念与模式构建[J]. 广东外语

外贸大学学报，2011，22（05）.

[79] 钱秀娟. 多模态话语在研究生导师课堂教学中的体现[J]. 赤峰学院学报（汉文哲学社会科学版），2011，32（06）.

[80] 夏艳. 多模态性大学英语视听说教学中文化导入的互动模式研究[J]. 常熟理工学院学报，2011，25（06）.

[81] 都婧婧. 英语电影视频语篇与视听说教学[J]. 电影文学，2011（08）.

[82] 盛仁泽. 元认知策略与多模态交互下的听力理解和词汇附带习得[J]. 黑龙江高教研究，2011（09）.

[83] 高翔. 英语多模态听力测试的现状与展望[J]. 四川教育学院学报，2011，27（08）.

[84] 孙毅. 多模态话语意义建构——以2011西安世界园艺博览会会徽为基点[J]. 外语与外语教学，2012（01）.

[85] 王拙. 大学多模态英语教学初探[J]. 长春金融高等专科学校学报，2012（04）.

[86] 郭颖. 论教育信息化在现代外语教学中的作用与实现途径[J]. 现代远距离教育，2012（04）.

[87] 熊苏春. 基于网络环境的大学生语言学习焦虑与策略使用之关系研究[J]. 外语电化教学，2012（06）.

[88] 潘艳艳，张辉. 多模态语篇的认知机制研究——以《中国国家形象片·角度篇》为例[J]. 外语研究，2013（01）.

[89] 戴志敏，郭露. 多模态信息认知教学模式中案例教学效果解析[J]. 教育学术月刊，2013（01）.

[90] 王凤. 言与非言的多模态隐喻研究[J]. 外语学刊，2013（02）.

[91] 张瑞. 多模态英语听力教学模式探析[J]. 长春教育学院学报，2013，29（02）.

[92] 李冰芷. 多模态话语理论在大学英语阅读教学中的应用[J]. 长春教育学院学报，2013，29（04）.

[93] 张德禄，丁肇芬. 外语教学多模态选择框架探索[J]. 外语界，2013（03）.

[94] 魏涛，朱天祥. 多模态双语复合型教学模式探索[J]. 外国语文，

2013, 29（S1）.

[95] 任红锋，张晓世，杨琴琴，等. 多模态环境下自主听力有效学习及其特征简析[J]. 山西农业大学学报（社会科学版），2013, 12（08）.

[96] 胡铁生，黄明燕，李民. 我国微课发展的三个阶段及其启示[J]. 远程教育杂志，2013, 31（04）.

[97] 吴玲娟. 多模态英语教学对大学生多元识读能力影响实证研究[J]. 现代教育技术，2013, 23（10）.

[98] 陈小近，谭明霞. 外语教师课堂多模态话语交互性设计[J]. 长春教育学院学报，2013, 29（12）.

[99] 任俊桦. 多模态PPT演示教学在大学英语教学中的优化研究——以天津工业大学英雄拓展课程"美国社会与文化"为例[J]. 西南农业大学学报（社会科学版），2013, 17（12）.

[100] 范莹芳，杨秀娟，王军. 英国文学史及选读课程多模态课件设置研究[J]. 长春教育学院学报，2013, 29（23）.

[101] 顾成华. 基于现代信息技术的大学英语多模态自主学习[J]. 长春教育学院学报，2013, 29（23）.

[102] 王红艳. 中学英语课堂教师话语的现状调查分析[D]. 济南：山东师范大学，2014.

[103] 辛斌，唐丽娟. 对一则社会公益广告的多模态解读[J]. 外语教育研究，2014, 2（01）.

[104] 原伟亮. 多模态话语分析在英语写作教学中的应用[J]. 浙江海洋学院学报（人文科学版），2014, 31（02）.

[105] 张振虹，何美，韩智. 大学公共英语多模态语料库的构建与应用[J]. 山东外语教学，2014, 35（03）.

[106] 姚克勤. 多模态话语分析与非英语专业阅读教学模式探索[J]. 西安财经学院学报，2014, 27（03）.

[107] 马冬梅. 英语专业学生阐述性口语产出停顿性特征及其与口语成绩的相关性[J]. 外语与外语教学，2014（03）.

[108] 曾蕾. 大学英语多模态教学模式研究[J]. 北京科技大学学报（社会科学版），2014, 30（05）.

[109] 刘菲. 国际化人才培养目标下的多模态高校英语教学体系构建[J]. 外语研究，2014（06）.

[110] 陶亚楠. 多模态专业英语听力教学模式的实证研究[J]. 长春教育学院学报，2014，30（07）.

[111] 李晶. 多模态视角下大学英语写作教学模式研究[J]. 长春教育学院学报，2014，30（07）.

[112] 周健. 新媒体背景下的多模态话语分析理论应用研究——以大学英语教学为例[J]. 浙江传媒学院学报，2015，22（02）.

[113] 杨友文. 海报语篇多模态隐喻表征类型研究[J]. 外语研究，2015（03）.

[114] 沈兆文. 英文影视作品在基础英语多模态教学中的应用研究[J]. 哈尔滨职业技术学院学报，2015（03）.

[115] 沈兆文，张其海. "基础英语"课程多模态教学设计研究[J]. 河北广播电视大学学报，2015，20（03）.

[116] 刘海清. 多模态视角下的公安院校大学英语口语教学策略[J]. 湖北警官学院学报，2015，28（04）.

[117] 刘剑，胡开宝. 多模态口译语料库的建设与应用研究[J]. 中国外语，2015，12（05）.

[118] 王粉梅. 蒙古族大学生公共英语课堂多模态教学实践[J]. 沈阳农业大学学报（社会科学版），2015，17（05）.

[119] 刘燕. 多模态视野下的独立学院大学英语教学优化研究[J]. 长治学院学报，2015，32（06）.

[120] 任蓉. 多模态大学英语课堂语篇的话语意义构建[J]. 广西教育学院学报，2015（06）.

[121] 李晓红. 互联网+视域下大学英语多模态、多媒体、多环境教学改革[J]. 中共银川市委党校学报，2015，17（06）.

[122] 应春艳. 基于MOOC的大学英语教学对高等教育教材出版的启示[J]. 科技与出版，2015（09）.

[123] 郭爽. 多模态大学英语任务教学实践探究[J]. 长春师范大学学报，2015，34（10）.

[124] 马莉，刘庆连，刘忠伏. 多模态识读能力在大学英语阅读教学中的建构[J]. 湖北科技学院学报，2015，35（11）.

[125] 王蓓，陆晓华. 多模态话语分析理论在大学英语课堂教学中的应用研究[J]. 湖北函授大学学报，2015，28（17）.

[126] HUNT D. The many faces of diabetes: A critical multimodal analysis of diabetes pages on Facebook[J]. Language & Communication, 2015（43）.

[127] 江晓丽. 泛在学习理念下外语自主学习中心建设研究——基于国内外相关研究的分析[J]. 外语电化教学，2016（03）.

[128] 张丽萍，孙胜难，周贤. 对话理论视角下多模态商品警示语的意义建构——烟盒警示语个案分析[J]. 外语与外语教学，2016（04）.

[129] 王正，张德禄. 基于语料库的多模态语类研究——以期刊封面语类为例[J]. 外语教学，2016，37（05）.

[130] 赵锐. 多模态视阈下的大学英语口语教学实践探析[J]. 西安文理学院学报（社会科学版），2016，19（06）.

[131] 辜贤禹. 网络环境下大学英语多模态互动教学模式建构[J]. 高教论坛，2016（07）.

[132] 杨同乐. 试论人本主义教学理论[J]. 山西农经，2016（08）.

[133] 夏颖. 基于多模态话语分析理论的大学生自主学习模式研究——以大学英语课程为例[J]. 黑龙江高教研究，2016（09）.

[134] 张德禄. 多模态话语的文化语境：社会符号学视角[J]. 天津外国语大学学报，2016，23（06）.

[135] 柯惠娟. 多模态环境下大学英语移动教学模式建构[J]. 海南广播电视大学学报，2017，18（02）.

[136] 肖志华. 大学英语多模态课堂教学实践——评《大学英语多模态课堂教学研究》[J]. 高教探索，2017（02）.

[137] 罗凌. 大学生移动英语写作学习行为研究[J]. 外语电化教学，2017（02）.

[138] 冯德正. 多模态语篇分析的基本问题探讨[J]. 北京第二外国语学院学报，2017，39（03）.

[139] 程瑞兰，张德禄. 多模态话语分析在中国研究的现状、特点和发展趋

势——以期刊成果为例[J]. 中国外语，2017，14（03）.

[140] 陈黎峰，韩娜. 基于多模态话语分析的跨境电商课程改革探索[J]. 宁波教育学院学报，2017，19（05）.

[141] 周天楠，何利民，李春明. 多模态视阈下的大学英语翻译教学策略研究[J]. 重庆文理学院学报（社会科学版），2017，36（06）.

[142] 李碧云. 英美文学多模态教学模式的构建与实践[J]. 渭南师范学院学报，2017，32（10）.

[143] 万文君. 大学英语多模态读写能力现状及对策探析[J]. 湖北函授大学学报，2017，30（24）.

[144] 蔡基刚. "外语环境下"开展英语作为二语教学的范式探索——改革开放40周年我国高校外语教育的回顾与反思[J]. 东北师大学报（哲学社会科学版），2018（05）.

[145] 张艳. 大学英语课堂中多模态教学模式探究[J]. 文化创新比较研究，2019，3（06）.

[146] 谌艳. 大学英语教学中多模态话语理论效用分析及构建途径探究[J]. 湖北开放职业学院学报，2019，32（08）.

[147] 肖芳英. 多模态交互教学模式下大学英语跨文化交际能力的培养研究[J]. 智库时代，2019（52）.